ULLSTEIN

Das Buch

Kaum hat die junge Rosalie Linner die Hebammenschule absolviert, steht sie auch schon vor unerwarteten Schwierigkeiten: Sie muss um eine Niederlassungserlaubnis kämpfen, sich gegen einen engstirnigen Amtsarzt durchsetzen und zu allem Überfluss wird ihr auch noch vorgeworfen, dass ihr zu einer ordentlichen Hebamme ein paar Pfund fehlen. Doch nachdem die Anfangsprobleme überwunden sind, beginnt für sie eine arbeitsreiche Zeit: Bei Wind und Wetter, zu jeder Tages- und Nachtzeit steht sie werdenden Müttern tatkräftig, aber auch mit Trost und Wärme zur Seite.
In ihren Erinnerungen erzählt Rosalie Linner von der überschäumenden Freude und Dankbarkeit, die den besonderen Moment der Geburt begleiten, aber auch von Familien, die in bitterer Armut leben und sich ein weiteres Kind gar nicht leisten können, und von unverheirateten Müttern, die mit ihren unehelichen Kindern von der Gesellschaft verstoßen werden. Sie berichtet bewegende, aber auch amüsante Begebenheiten aus ihrer Zeit als Landhebamme: Geschichten, wie nur das Leben sie schreibt.

Die Autorin

Rosalie Linner wurde 1918 in der Nähe von Passau geboren. Sie machte eine Ausbildung in Haushaltsführung und Krankenpflege. Nach dem Zweiten Weltkrieg besuchte sie eine Hebammenschule in Würzburg und war fortan im Voralpenland tätig. 1980 setzte sie sich zur Ruhe und schrieb ihre Lebenserinnerungen auf.
In unserem Hause ist von Rosalie Linner bereits erschienen:
Tagebuch einer Landhebamme

Rosalie Linner

Als Landhebamme unterwegs

Neue Geschichten

Ullstein

Ullstein Taschenbuchverlag
Der Ullstein Taschenbuchverlag ist ein Unternehmen der Econ Ullstein List Verlag GmbH & Co. KG, München
1. Auflage 2002

Umschlagkonzept: Lohmüller Werbeagentur GmbH & Co. KG, Berlin
Umschlaggestaltung: Bezaubernde GINI, München
Titelabbildung: Bildagentur Mauritius – Weststock
Satz: Buch-Werkstatt GmbH, Bad Aibling
Druck und Bindearbeiten: Ebner Ulm
Printed in Germany
ISBN 3-548-36337-7

Inhaltsverzeichnis

Ein paar Pfund mehr täten nicht schaden . . 7
Zuwiderhandelnde werden mit Strafe belegt 17
Uns sind die Namen ausgegangen 32
Warum ist die Welt so ungerecht? 47
Gell, die Mama braucht nicht sterben? . . 60
Damit der Storch das Dirndl wieder holt . 68
Wenn nur das Kind gesund ist 76
Ich will dieses Kind nicht 88
Eine saubere Familie 97
Eine Hebamme ist immer schuldig 107
Meinst, dass mich jemand verwünscht hat? 125
Den gleichen Dickkopf wie sein Vater . . 134
Ich brauche einen Menschen, der zu mir gehört 142
Glauben Sie an eine Fügung Gottes? . . . 153
Eine Bäuerin ist eine teure Sache 161
Die Arbeit als Landhebamme war nicht immer einfach 166

Ein paar Pfund mehr täten nicht schaden

Wer kennt nicht das befreiende Gefühl, das einen nach einer gut bestandenen Prüfung erfüllt! Eine warme Freude durchdringt einen, denn Ungewissheit, Angst und Sorge gehören der Vergangenheit an und die Zukunft erscheint viel versprechend.

Nun war ich Hebamme, staatlich geprüft, freiberuflich, mit den notwendigen Dokumenten ausgestattet: dem Prüfungszeugnis, der Anerkennung als Hebamme und einer Niederlassungserlaubnis. Damit war ich berechtigt den Beruf in eigener Verantwortung auszuüben.

Ich freute mich auf meine zukünftige Arbeit als »Storchentante«, die am Anfang des Lebens steht, helfend, beschützend, sorgend, der das Wohlergehen von Mutter und Kind anvertraut wird, die sich aber auch zu bewähren hat, wenn es hart auf hart geht. So hatte man es uns in der Schule gelehrt. Es waren Worte, die mich immer begleiten und die in schwierigen Situationen zum Tragen kommen würden.

Es war ein heißer Julitag damals, die Luft flimmerte schon am Morgen, als ich die Hebammenlehranstalt in Würzburg verließ. Mein Mann umarmte mich voller Freude und gratulierte mir herzlich zu meinem erfolgreichen Abschluss. Ein neues Leben lag vor mir, dem ich mit viel Optimismus entgegensah.

Damals ahnte ich noch nicht, dass mich nicht nur erfreuliche Dinge erwarten würden, dass es oftmals ein hartes, beschwerliches Leben sein würde. Viele schlaflose Nächte, Angst, die man niemals zeigen durfte, kräftezehrender Kampf mit unpassierbaren, verschneiten Wegen. Es sollte nun für mich viele Jahre lang keinen Urlaub, kein freies Wochenende, keinen Feiertag mehr geben. Der ständige Einsatz forderte mich, ebenso und vor allem der Umgang mit Menschen, die ich nicht kannte, die unbedingte Hilfe und Zuspruch von mir erwarteten. Diese Frauen und Mütter sagten mir in meinen ersten Jahren oft, ich sei noch zu jung, oder meine Figur entsprach nicht dem, was sie in ihrem Anlehnungsbedürfnis von einer Hebamme erwarteten. Bei ihnen war eine warme, mütterliche, Sicherheit ausstrahlende, reife Persönlichkeit gefragt. Ich konnte ihnen das nicht bieten – mir fehlten ein paar Pfunde, vielleicht durch Erbanlage, sicher aber durch die mageren Kriegs- und Nachkriegsjahre. Es war mir unverständlich, dass das eine entscheidende Rolle für mein Berufsleben spielen sollte – aber ich hatte vorerst Minuspunkte.

Die Freude an der gut gelungenen Prüfung und der Tatsache, die Schule beendet zu haben, dauerte nur kurz; denn was bei dem Thema »Niederlassung« auf mich zukam, war ein Drama, das mir manche schlaflose Nacht bereiten sollte.

Das Gesundheitsamt hatte mir eine Niederlassungserlaubnis für den kleinen Ort Grünbach am Donauufer gegeben. Dazu gehörte eine Wohnung, die einmal eine frühere Kollegin bewohnt hatte und die nun trotz der Wohnungsnot nach dem Krieg leer stand. Feudal war sie nicht, meine zukünftige Bleibe. Sie bestand aus zwei kleinen Räumen in einem abgelegenen Bauernhof, die keinerlei Annehmlichkeiten boten und an denen der Zahn der Zeit erheblich genagt hatte. »'s Wasser musst vom Brunnen hinterm Haus holn und 's ›Häusl‹ is' am andern End vom Hof, wo der Misthaufn is'«, erklärte man mir um die Sachlage zu verdeutlichen.

Aber als Erstes empfingen mich zwei fletschende Hunde am Hoftor, wild entschlossen jedem Fremden den Zutritt zum Hof zu verwehren. Über die Schwelle zu treten erschien mir als ein erhebliches Risiko, beim Anblick dieser wütenden Bestien. So zog ich es vor, zu warten, bis hoffentlich jemand durch das laute Gebell der Hunde auf mich aufmerksam würde.

Es war, wie es schien, die Bäuerin, die vor dem Haus erschien, sich die Hände an der Schürze abtrocknete, mich kritisch musterte und fragte: »Möchtst du zu uns?«

Ich erklärte ihr den Zweck meines Besuches und warf dabei immer wieder argwöhnische Blicke auf die Hunde, die mich schnuppernd umkreisten und mich ständig belauerten.

»Ja mei, die neue Hebamm bist du«, staunte stirnrunzelnd die Bauersfrau, während wir ins

Haus traten. »Du darfst dich aber noch a weng z'sammklaubn, a paar Pfund mehr täten dir net schaden. Wenn ich da an unser alte Hebamm denk, Gott hab sie selig, die war schon anders beinand. A guts Leut war s', die Kathn«, sinnierte die Bäuerin.

Sie führte mich in die Stube, bot mir einen Platz an und enthüllte mir nun verschiedene Einzelheiten über meinen künftigen Dienstort. Ihre Schürze glättend sagte sie: »Ich hab gwiss nix gegen dich, aber lass dir sagn: Dei' Vorgängerin hat's net lang ausghaltn da. Des is' zum Verhungern, hat sie gmeint, bei uns in dem kleinen Ort, wo man über die Donau net rüber und 'nüber kann, nachdem die Brückn so weit weg is'. Zum Anmelden is' auch niemand kommen, weil die schwangeren Frauen, die d' Hebamm braucht hättn, unsere zwei Hund' gfürcht habn. Na ja, in dem Zustand kann man des schon verstehn.«

Hier taten sich Abgründe auf, die ich niemals erwartet hätte. Alle Freude, all meine Träume und meine Begeisterung schienen sich in nichts aufzulösen. Ich war den Tränen nahe.

Mein Gegenüber muss wohl meine Verzweiflung erkannt haben. Jedenfalls gab sie mir mitleidig Ratschläge, die mich, falls ich hierbleiben würde, am Verhungern hindern könnten. »Da musst dir halt zusätzlich a Arbeit suchen. Mancher Bauer is' froh, wenn er beim Heuen oder Kartoffelklaubn a Hilf kriegt, und z' viel verlangen wirst eh net. Bei uns geht da nix, weil bei uns sind Leut gnug, wir brauchn keine Fremdn net.«

Nach einer kurzen Pause, in der jede von uns beiden ihren Gedanken nachhing, setzte die Bäuerin das Gespräch fort.

»Wennst verheirat' bist, dann is' des zweimal schlecht, weil Arbeit kriegt dei' Mann bei uns da keine.«

Ich nickte nur und meine Gedanken wirbelten durcheinander. Es war, als schwankte alles in dieser Stube einschließlich der Bauersfrau, die mich mitleidig betrachtete, als sie sagte: »Wie kann ma' bloß an solchn Beruf lernen, wenn ma' noch so jung is'.«

Mein Optimismus war nun endgültig dahin. Ich fühlte mich müde, erschöpft und wollte alles andere lieber als dieses Gespräch fortsetzen. Ich verabschiedete mich von der Bäuerin, deren Ratschläge sicher gut gemeint waren, von dem Ort Grünbach und von meinen betrogenen Hoffnungen.

Mit bitteren Gedanken trat ich den Heimweg an. Noch immer hörte ich das Kläffen der wütenden Hunde in meinen Ohren, das Rattern eines Traktors, der mit einer großen Fuhre Heu auf das Hoftor zufuhr, aber auch die warnenden Worte der Bäuerin, die mich vor einer unvermeidlichen Katastrophe bewahren wollten.

Auf dem Wiesenweg blieb ich noch einmal stehen, sah das weite Tal vor mir, dahinter die Berge des Bayerischen Waldes und die Donau, diesen unendlichen Strom, der hier unser deutsches Land verlässt um nach Tausenden von Kilometern im Schwarzen Meer seine Reise zu beenden, dort seine Heimat zu finden. So hatte man es uns in der Schule gelehrt.

Eben zog ein weißes Schiff über ihre Wellen, leise, majestätisch, vom warmen Schein der untergehenden Sonne angeleuchtet. Für einen kurzen Augenblick konnte ich das Geschehene vergessen, das meinem Leben nun eine andere Wende geben würde.

Ruhelose Tage kamen auf mich zu, in denen ich mich mit der veränderten Situation auseinander setzen musste um eine brauchbare Lösung zu finden, die nicht nur für mich, sondern auch für meinen Mann tragbar wäre. All meine Überlegungen schienen zwangsläufig immer nur zu dem einen Ergebnis zu führen: In meinem Fall lassen sich Beruf und Ehe nicht vereinbaren. Zwei Dinge, die einfach nicht zusammenpassten, man konnte es drehen und wenden, wie man wollte. Ich hatte schlechte Karten!

»Die Hoffnung aufgeben heißt versagen«, versuchte mein Mann mich zu ermutigen. »Wir werden gemeinsam einen Nenner finden, damit die Rechnung aufgeht. Sie wird aufgehen, glaub mir.«

Gute, tröstende Worte waren es, bei denen es mir warm ums Herz wurde und denen ich nur zu gern glauben wollte.

Es brauchte viel Zeit und noch mehr Geduld, bis dieser Nenner gefunden wurde. Es zeigte sich aber auch, dass ich in meinem Ehemann einen verlässlichen Partner hatte. Auch später hat er mich stets unterstützt und alle Unzulänglichkeiten, die mein Beruf mit sich brachte, geduldig und ohne Klagen hingenommen, sie mit mir getragen. Meine Familie ist später der ruhende Pol für mich geworden, aus dem ich die notwendige Kraft für meinen anstrengenden Alltag schöpfen konnte.

Meine Niederlassungserlaubnis für den Ort Grünbach musste ich, da ich dort unter den gegebenen Umständen nicht tätig sein konnte, an das zuständige Gesundheitsamt zurückgeben. Ich tat es schweren Herzens, denn ohne dieses Dokument durfte ich nicht mehr bei Hausgeburten helfen und etwas anderes gab es damals nicht. Kliniken und Krankenhäuser hatten ihre eigenen Leute, hier wäre jede Anfrage sinnlos gewesen.

Aber dann ereigneten sich Dinge, die sich mir nachhaltig eingeprägt haben, die ich nie vergessen konnte, weil sie von außergewöhnlicher Bedeutung waren.

Es kommen doch noch andere, bessere Zeiten für dich, sagte ich zu mir selbst, als ein Hebammenbezirk in einem mir sehr lieben, größeren Ort überraschend frei wurde. Der Bürgermeister des Ortes, ein alter Freund unserer Familie, hatte mir schon vor Jahren die Niederlassung zugesichert, falls sich eine Änderung ergebe.

Überglücklich über diese Entwicklung wurde ich beim besagten Bürgermeister vorstellig, erinnerte ihn an sein Versprechen und bat ihn es nun einzulösen, mir die Niederlassungserlaubnis seitens der Gemeinde zu erteilen, die dann nur noch von Amts wegen bestätigt werden müsste.

Wenn ich nun in dem Glauben war, für mich gäbe es jetzt eine Wende zum Guten, so musste ich noch einmal eine herbe Enttäuschung hinnehmen, als ich die Worte des Bürgermeisters hörte: »Dass ich dir da was versprochen hab, da weiß ich nix, durchaus gar nix. Wennst was Schriftliches aufweisen kannst in der Sach, dann reden wir weiter. «

Nein, das konnte ich nicht und das wusste er auch.

»Also net«, fuhr er fort. »Dann muss ich dir sagn: Nur das Geschriebene gilt auf dem Amt, nur *des,* sonst nix«. Dabei betonte er »das Geschriebene« hart mit fester Stimme. Und um das Gesagte zu unterstreichen fügte er nach einer kurzen Pause hinzu: »Nur das schwarz auf weiß Geschriebene gilt. Ich hätt mir denkt, des tätst du wissen, bist doch jetzt fast a Gstudierte.«

»Ich weiß es«, antwortete ich. »Sie haben mir nun deutlich bewiesen, dass ein gegebenes Wort von Amts wegen keine Gültigkeit hat.«

Als ich mich nach diesen Worten zum Gehen wandte, hielt er mich zurück um mir, wie es schien, noch etwas Wichtiges zu sagen: »Und überhaupts, des liegt net an mir, weil sich schon a andere beworben hat. Die hat uns der Amtsarzt empfohlen, weil sich die zwei gut kennen, von der schlechten Zeit her, weißt. Da hat man's schwer als Bürgermeister.«

Ja, dafür hatte ich volles Verständnis. Wieder einmal war ein Traum ausgeträumt. Meine Konkurrentin bekam die begehrte Niederlassungserlaubnis und ich ging leer aus. Ich fühlte mich ungerecht behandelt und konnte das nur schwer verwinden. Aber mein Erlebnis auf dem Bürgermeisteramt war erst der Beginn einer langen Reihe von Schwierigkeiten und Rückschlägen.

Mutlos machte ich mich auf den Heimweg. Da fiel mir die Babett ein, die ich schon von Kind auf kannte und der man einen sechsten Sinn nachsagte. Sie wohnte allein in ihrem bescheidenen Häusl, dessen Haustüre immer offen stand, damit jeder, der müde war oder in einen Regenguss kam, bei ihr ausruhen oder unterstehen konnte. »Des is' Christenpflicht und zum Mitnehmen gibt's bei mir eh nix«, war ihre Philosophie.

Alt war sie inzwischen geworden, die Babett, ein wenig krumm der Rücken. »Des Gehwerk taugt auch nimmer viel«, wie sie ohne großes Bedauern sagte. Aber zwei helle, wache Augen sahen dem Besucher interessiert entgegen.

Auf meine Frage nach ihrem Ergehen antwortete sie: »Na ja, man muss z'friedn sein, wenn ma' jeden Tag aufstehn kann, in mein' Alter.« Wir kamen ins Gespräch, auch über meine schwierige Lage, über die Hindernisse, die sich der Verwirklichung meiner beruflichen Träume entgegenstellten. Es sei, klagte ich, als ob sich alles gegen mich verschworen hätte.

Die Babett, durch ihr Alter weise geworden, antwortete: »Naa, naa, Dirndl, so darf ma' net redn, wenn ma' zwei gsunde Arm' hat. Alleweil hängt's net auf eine Seitn, des is' a Naturgesetz. Du machst dein' Weg schon noch, einen guten, graden Weg wirst gehn, aber net gleich, es wird noch an Haufn Ärger gebn, der auf dich zukommt. Ja, er is' krumm und steinig, der Weg, den du für kurze Zeit zu gehn hast. Du hast aber a guts Leben vor deiner.«

Das alles sprach sie mehr zu sich als zu mir.

Plötzlich richtete sie sich in ihrem Sessel auf, nahm meine Hand und sagte: »Denk dir nix, Dirndl, der Herrgott macht's schon recht, er hat's noch alleweil recht gmacht. Er lasst dich net allein.« Noch immer hielt die Babett meine Hand und mir war, als ginge Trost und Zuversicht von ihr aus.

Ich musste lange über ihre Worte nachdenken: »Du gehst einen guten, graden Weg, aber vorerst wird's noch Ärger gebn.« Wahrheit, Phantasie, Träume? – Wer sollte das wissen! Heute, nach mehr als fünf Jahrzehnten, weiß ich: Die Babett ist der Wahrheit sehr nahe gekommen. Woher kam ihr Wissen? Hatte sie wirklich den sechsten Sinn, der ihr nachgesagt wurde und den die Menschen heute in das Reich der Phantasie verweisen?

Zuwiderhandelnde werden mit Strafe belegt

Sehr bald sollte ich zu spüren bekommen, was es mit dem Ärger auf sich hatte, den mir die Babett vorausgesagt hatte. Das ist eine Geschichte, die das Nachdenken wert ist, weil sie viel über unsere seltsame Welt der Gesetze und Paragraphen aussagt. Diese Welt ist undurchsichtig und schwer zu begreifen, wenn man kein Jurist ist. Sie ist kalt, starr und nimmt auf das menschliche Herz keine Rücksicht.

Folgendes hat sich ereignet: Es war eine trübe, neblige Oktobernacht, Allerheiligen war nicht mehr weit, als jemand an unsere Tür klopfte, laut, energisch. Dieser Jemand schien es eilig zu haben. Es war Heini Hinterbichler, ein Häusler, der in der Nähe wohnte. Er sah mich, dicke Schweißtropfen auf seiner Stirn, bittend an und stotterte: »Musst gleich mit mir gehn, die Resi, mein Wei', da tät's jetzt pressieren. Ich lauf schon so lang um eine Hebamm umeinander und keine is' da. Is' eh schon so viel Zeit vergangen mit der Rumlauferei und jetzt tät ich dich halt bitten, dass d' uns hilfst.«

Etwas verworren kamen diese Worte, die Nervosität des Mannes war deutlich zu erkennen.

Ich musste ihm sagen, dass ich keine Niederlassungserlaubnis besitze, und somit dürfe ich laut Gesetz keine Geburtshilfe leisten.

»Was interessiert mich der Fetzen Papier, wir brauchen dich und zwar gleich, alles andere is' mir Wurscht«, war seine ungeduldige Antwort. »Des erste Kind«, fuhr er fort, »ist uns eh bei der Geburt schon gstorbn. Beim zweiten soll's net wieder so kommen.«

Ein dringender Notfall, bei dem schnelle Hilfe angesagt war. Wer wäre wohl imstande diese Hilfe zu verweigern, die diese Menschen so nötig brauchten! »Niederlassungserlaubnis«, dieses Wort war in dem Augenblick für mich Theorie, nur die Tatsache zählte, dass eine werdende Mutter mich brauchte, dass ich ihr helfen konnte und helfen würde, damit ihr Kind leben durfte.

So ging ich mit diesem Mann hinaus in die Nacht, dem kleinen Häusl am Dorfrand zu, in dem seine Frau auf uns wartete. Auf einem Strohsack liegend kämpfte sie, wie zu sehen war, mit starken Wehen. Bei unserem Eintreten hauchte sie: »Vergelt's Gott, dass' da seids.« Schweiß stand auf ihrer Stirn, ihre Augen waren groß vor Angst. Angst vor allem um ihr Kind, das nicht wieder sterben sollte, bevor es eigentlich zu leben begonnen hatte.

Die Fruchtblase wölbte sich weit vor, sie war zu rigid um sich von selbst zu öffnen. Ein kleiner Stich von meiner Hand und das Fruchtwasser floss unter starkem Druck nach allen Seiten in den Strohsack hinein. Und dann kam auch schon dieses kleine Wesen im Licht einer schwachen

Petroleumlampe auf diese Welt. Blaurot, die Nabelschnur um den kleinen Hals gedreht, begann es mühevoll zu atmen. Erst als ich es von dieser Verschlingung befreite, schrie das kleine Mädchen, erst krächzend, dann laut und kräftig. Ein glücklicher Augenblick für alle in dieser bescheidenen Stube.

In diesen Minuten hatte ich allen Kummer, der hinter mir lag, vergessen. Auch dieses verflixte Dokument »Niederlassungserlaubnis«, ohne das es für mich keine Arbeit gab, schien mit der Geburt dieses neuen Lebens zweitrangig geworden. Ich sah nicht mehr dieses ärmliche Zuhause, den nassen Strohsack, der mit frischem Stroh neu gefüllt werden musste, die kleine Petroleumlampe, deren Schein immer schwächer wurde, ich sah nur noch das gesunde Kind, das vielleicht durch meine Mithilfe leben konnte. Als ich die Freudentränen in den Augen der Eltern bemerkte, da war ich mit meinem Leben, nach all den Sorgen, mehr als zufrieden.

Gegen Morgen verabschiedete ich mich von diesen bescheidenen Menschen, sah noch einmal nach der kleinen Katharina, die daumenlutschend, mit sich zufrieden im Arm der Mutter lag und von den Wirrnissen und Sorgen des Lebens noch nichts wusste. Den nächsten Tag würde die zuständige Kollegin, die nun wieder erreichbar sein würde, die Wochenpflege übernehmen und ich würde noch lange zurückdenken an die glückliche Stunde einer Geburt in einer nebelverhangenen Oktobernacht.

Tage vergingen, ohne dass sich etwas Besonderes ereignet hätte. Ich war immer noch ohne Niederlassungserlaubnis und somit weiterhin ohne Arbeit.

Allerheiligen, der Tag, an dem wir unserer Toten gedenken, war gerade vorbei, als ein an mich gerichtetes Schreiben ins Haus kam. Absender: »Staatliches Gesundheitsamt Battenburg«, eingeschrieben, hochoffiziell. »Musst unterschreiben«, belehrte mich Vitus, der Postbote, »damit alles seine Ordnung hat.« Mit meiner Unterschrift bestätigte ich den Erhalt des amtlichen Schreibens.

Ein ungutes Gefühl überkam mich, als ich es mit zitternden Händen öffnete. Meine Ahnungen bestätigten sich, als ich zu lesen begann: »Sie werden aufgefordert«, so hieß es da, »am 5.11. im Gesundheitsamt Battenburg, Zimmer 4, beim Amtsarzt Dr. Schauer vorstellig zu werden.« Begründung: »Vergehen gegen das Hebammengesetz«.

Das war es also. Ein vortrefflicher Nachrichtendienst war hier am Werk gewesen, der sein präzises Wissen über meine rechtswidrige Geburtshilfe an das Gesundheitsamt weitergeleitet hatte. Ein Kenner der besagten Paragraphen und Vorschriften, wie es schien.

Ich stand vor dem Herrn Amtsarzt, der von mir wissen wollte, ob diese Anschuldigung, die gegen mich vorgebracht wurde, der Wahrheit entspreche. Erstaunt stellte ich fest, dass das Gesundheitsamt über meine Tätigkeit bis ins Kleinste informiert war. Neben einer Reihe von Details kannte man den Tag und die genaue Stunde der Geburt, die ich »rechtswidrig« getätigt hatte.

Nun wollte Dr. Schauer als Amtsperson von mir keine Rechtfertigung, sondern ein Schuldbekenntnis als Gesetzesbrecherin, die mit Konsequenzen zu rechnen hätte, falls er weitere Schritte unternähme. Mit hochrotem Kopf, die goldene Brille auf der Nase, die er ständig hin und her schob, ging er in seinem Amtszimmer auf und ab, ordnete zuweilen ein paar Blätter um diese gleich wieder fortzuschieben, schrie, was ich mir erlaube, mich über Gesetze hinwegzusetzen, die dazu da seien, dass sie beachtet würden. Von Verdrängen der Kolleginnen, von unsauberen Machenschaften, von Manipulationen war die Rede.

Schließlich unterbrach ich, gegen jedes gute Benehmen, seinen Wortschwall und sagte: »Sie wollen keine Rechtfertigung von mir, Herr Amtsarzt, Sie möchten ein Schuldbekenntnis, weil ich einer werdenden Mutter, die mich dringend darum gebeten hat, in ihrer Not ohne Entgelt geholfen habe. Sollte ich jemals wieder in eine solche Lage kommen, werde ich es wieder tun, auch ohne Niederlassungserlaubnis, die Sie in meinem Fall nun mit Sicherheit blockieren werden, damit dem Gesetz Genüge getan wird.«

»Sie werden von mir noch hören«, schrie er, »gehen Sie!«

Dieser Herr schien seine eigentliche Aufgabe vergessen zu haben. Statt Gespräche zu führen, eine sachliche Auseinandersetzung zu tätigen, um den Dingen näher zu kommen, schrie er seinen Ärger lauthals in den Raum. Für eine Amtsperson eine ungewöhnliche Haltung.

Beim Verlassen des Amtsgebäudes musste ich mich wundern, dass ich ruhig, ohne Erregung, das gesagt hatte, was mir auf dem Herzen lag. Doch im Nachhinein betrachtet hatte es mich viel Kraft gekostet. Noch niemals zuvor hatte ich mich vor einer Amtsperson rechtfertigen müssen. Ich spürte, dass meine Hände zitterten, sich feucht anfühlten, dass meine Gedanken keinen Zusammenhang fanden und eine innere Leere sich in mir ausbreitete. Ich sah alles wie durch einen Nebel, die Leute auf dem Gehsteig, die es eilig hatten, Kinder, die einem roten Ball nachliefen und voller Lebensfreude wild durcheinander schrien. Unwillkürlich musste ich an die kleine Katharina denken, der ich ins Leben geholfen hatte, an die glückliche Stunde damals, die ich, trotz allem, was geschehen war, nicht vergessen wollte.

Tage und Wochen vergingen, Weihnachten war nicht mehr weit und Schnee und Kälte machten den Menschen das Leben schwer. Vor allem denen, die sich im Freien der Witterung stellen mussten oder die sich zu ihrem Arbeitsplatz erst einen Weg zu bahnen hatten. Damals wusste ich noch nicht, was es heißt, mit Sturm, Eis und Schnee zu kämpfen um an ein Ziel zu kommen, das auf jeden Fall erreicht werden muss. Diese

Sorgen plagten mich vorerst noch nicht. Sie sollten aber später höchst aktuell werden, so sehr, dass ich den Wintermonaten immer mit Unbehagen entgegensah.

Eine neue Hiobsbotschaft traf mich. Es schien, als ob die Aufregungen kein Ende mehr nehmen wollten.

»Hast es schon gehört?«, fragte mich eine Nachbarin, »was auf der Gemeindetafel über dich zu lesen ist?«

Nein, das hatte ich nicht.

»Des musst selber lesen. – Aber net, dass d' umfällst«, setzte sie noch warnend hinzu.

Die Neuigkeit musste, der dramatischen Aussage der Nachbarin nach zu schließen, von allergrößter Wichtigkeit sein. Eine amtlich dokumentierte Information für die Bevölkerung des Ortes.

Ich konnte es nicht fassen, was hier schwarz auf weiß in großen Buchstaben zu lesen stand. »Bekanntmachung«, lautete die Überschrift.

Es wird hiermit den Einwohnern von Battenburg und Umgebung bekannt gegeben, dass Frau Rosalie Linner nicht berechtigt ist Geburtshilfe zu leisten, noch eine diesbezügliche Tätigkeit auszuüben. Zuwiderhandelnde können mit Strafe belegt werden.

Dr. Schauer
Amtsarzt
Leiter des Gesundheitsamtes Battenburg.

Dem Amtsarzt muss die Auseinandersetzung damals in seinem Amtszimmer noch schwer im Magen liegen, dachte ich. Er wollte mir mit diesem Aushang offenbar zeigen, wer am längeren Hebel sitzt: er mit seinen Machtbefugnissen oder ich, die »Gescheiterte«, die damit nun endgültig am Boden lag.

In einem kleinen Ort, wo jeder jeden kennt, wo jede Neuigkeit gierig aufgenommen, diskutiert und zerpflückt wird, wo ein jeder über die Verhältnisse des anderen Bescheid weiß, war dieser Aushang von allergrößter Bedeutung und über mehrere Wochen Gesprächsthema Nummer eins. Es gab endlich, nach langem, wieder eine Neuigkeit, über die man Spekulationen anstellen, darüber ausgiebig diskutieren und debattieren konnte.

»Hats' die Prüfung nicht bestanden? Hat sie sich etwas zuschulden kommen lassen? Man hat zwar nichts gehört in diese Richtung, aber mei, wissn kann man's net.«

»Auf jeden Fall«, so hieß es, »ist sie im Gsundheitsamt net gut angschriebn.«

Der Lehrer Neumeier, der den Aushang mit mehr Überlegung und logischem Denken las, meinte: »Des müsste begründet werden, weshalb ihr jede Tätigkeit als Hebamme veboten ist, des ist ja bloß die halbe Wahrheit.«

Dem Bürgermeister war die Sache äußerst peinlich, als er mich darauf ansprach: »Die Gschicht ist mir fei' schon arg z'wider und dass ich den Wisch hab aushängn müssn, aber 's

Gsundheitsamt, respektive der Amtsarzt, hat des angeordnet. Heut noch, hat er gschriebn, muss des ausghängt werden. Ich kann nix dafür, von mir ist des net aus'gangen. Nix für ungut halt.« Und er setzte noch hinzu: »Als Bürgermeister hat man's schwer.«

Wofür ich auch dieses Mal volles Verständnis hatte.

Die Wogen der Neugierde, der Diskussionen legten sich nach einigen Wochen. Dinge, die einen nicht direkt betreffen, kommen in Vergessenheit, sie werden mit der Zeit uninteressant.

Doch mich verfolgte dieser Aushang bis in meine Träume. Ich konnte schwer begreifen, dass Hilfeleistung bis zur Diskriminierung bestraft werden konnte. Damals wusste ich noch nicht, dass dies alles nur der Auftakt zu einem spektakulären Prozess war, der später Gerichtsakten füllen, der Regierungsvertreter und das Gremium des Hebammenverbandes aufhorchen lassen sollte.

Das Schicksal nahm seinen Lauf mit einem hochoffiziellen, eingeschriebenen Brief, den mir Vitus, der Postbote, übergab. Absender war das Amtsgericht der Kreisstadt.

Man sah es dem Vitus an, wie beeindruckt er von dem Schreiben aus höchster Ebene war, als er mich aufforderte mit meiner Unterschrift den Erhalt dieses wichtigen Briefes zu bestätigen. »Ich wünsch dir Glück«, sagte er, mehr nicht, als er sich der Tür zuwandte.

Aber ich wusste, was er damit gemeint hatte. In diesem amtlichen Schreiben, das ich mit zitternden Händen öffnete, wurde mir bekannt gegeben, dass ich angeklagt sei nach dem Hebammengesetz, unerlaubte Geburtshilfe geleistet zu haben. Kläger: Dr. Schauer, Amtsarzt, Leiter des Gesundheitsamtes Battenburg. Verhandlungstermin: 14.3. im Amtsgericht Battenburg, Gerichtssaal 3.

An diesem Tag stand ich nun vor meinem Richter, der mich durch seine randlose Brille zu durchbohren schien, als er mein Sündenregister verlas und mich anschließend zu einer Gefängnisstrafe von acht Tagen verurteilte.

Es war ein fürchterlicher Schlag für mich, als ich die Worte dieses Gesetzeshüters hörte, der unter dem großen Kreuz des Gerichtssaales stand und mich, die Sünderin, die zwar geständig war, aber keine Reue zeigte, ins Gefängnis schickte. Begründung: Meine Gesetzesmissachtung sei nicht nur eine Übertretung, sondern ein Vergehen, das geahndet werden müsse, so will es das Gesetz. Somit sei meine Verurteilung gerechtfertigt und rechtskräftig.

Mir liefen Tränen über die Nase und zugleich wunderte ich mich, dass die Welt nicht unterging. Dem Gesetz war Genüge getan, das stand im Vordergrund, Hilfe leisten für andere in der Not, eine uralte Christenpflicht, war hier nicht gefragt.

Auf meine schüchterne Frage, ob denn eine Nachbarin, die ohne etwas davon zu verstehen

Geburtshilfe leistet, was es gelegentlich geben solle, auch bestraft worden wäre, antwortete der Richter: »Nein, in diesem Fall hätte das Gericht keine Handhabe, im Gegensatz zu Ihnen. Sie haben eine Geburt mit Sachkenntnissen durchgeführt, ohne eine Niederlassungserlaubnis zu besitzen, und das ist strafbar.«

So war das also. Eine Rechtslage, die jeder Logik entbehrte. Paragraphen hatten das Wort. Menschliches Erbarmen, Mitleid für die in Not Geratenen wird bei einer Fachkraft nicht nur nicht toleriert, sondern, wie in meinem Fall, bestraft. Andererseits wird verweigerte Hilfeleistung unter Strafe gestellt, auch nach dem Gesetz. Wer sollte sich in dem Dschungel von Paragraphen und Vorschriften auskennen, sich darin zurechtfinden? Ich jedenfalls war überfordert bei so viel Widersinn, bei so viel Ungereimtheiten.

Acht Tage Gefängnis, ich konnte es immer noch nicht fassen. Vorbestraft sein ein Leben lang, dieser Gedanke nahm mir den letzten Funken Ruhe.

»Muss ich diese Strafe absitzen?«, fragte ich meinen Mann.

»Nein«, beruhigte er mich. »Wir werden einen Anwalt beauftragen, der in deinem Namen Berufung einlegt, und dann sehen wir weiter. Wir gehen gemeinsam zu diesem Gerichtstermin, dann wird es für dich leichter werden.«

Ein Anwalt, überlegte ich, der bestimmt eine Menge Geld kosten wird, und das nach der

Währungsreform, die unser Erspartes geschluckt hat.

Als hätte er meine Gedanken erraten, sagte mein Mann in überzeugtem Ton: »Das schaffen wir auch noch. Die Hauptsache, du wirst rehabilitiert.«

Das waren tröstende Worte, wie ich sie in diesem Augenblick so dringend brauchte.

Ein nasskalter April kam. Er peitschte Regen und Schnee an die Fensterscheiben, ein stürmischer Wind zerzauste Büsche und Bäume. Ein Wetter, das zu meiner Stimmung passte, als ich mich ein zweites Mal auf den Weg in das Amtsgericht machte. Nicht die Kälte war es, die mich am ganzen Körper zittern ließ, als ich den Gerichtssaal Nummer 3 betrat. Es war mir, als hätte ich auch meine Stimme nicht mehr unter Kontrolle, ganz zu schweigen von den feuchten Händen und den wackeligen Knien. Mein ganzer Körper wollte mir, wie es schien, seinen Dienst verweigern.

Beim Anblick der vielen Leute, die sich versammelt hatten, wurde mir klar, dass es ein Prozess mit größerem Aufwand werden würde. Neben Richter, Staatsanwalt und Zeugen kam etwas verspätet Dr. Graf, der Gerichtsmediziner, als Sachverständiger.

Dr. Schauer, der Amtsarzt und Kläger, maß mich, warf gelegentlich strenge Blicke herüber zu mir auf die Anklagebank, sonst blätterte er in seinen Akten, schrieb an seinen Notizen. Bei seiner Vernehmung machte er einen unsicheren Eindruck, als er berichtete: »Ich bin der unbedingten Auffassung, dass die Angeklagte nicht aus lauteren Motiven Hilfe geleistet hat, vielmehr hat sie sich bewusst über Gesetze hinweggesetzt um ihre Kolleginnen zu verdrängen, zu provozieren, um vielleicht doch noch in den Besitz der begehrten Niederlassungserlaubnis zu kommen; denn sonst hätte sie auf Hebammen im benachbarten Landkreis verweisen können, die bereit gewesen wären, die erforderliche Hilfe zu leisten. Zumindest hätte sie eine Erlaubnis des Gesundheitsamtes einholen müssen, was aber nicht geschehen ist.«

Auf die Frage des Richters, ob es für diese Anschuldigungen Beweise gäbe, musste Dr. Schauer mit: »Nein, leider« antworten. Doch vor Gericht gelten keine Meinungen, kein »Ich habe gehört«, nur stichhaltige Beweise, die jeder Frage standhalten.

»Mei', Herr Richter«, sagte später Heini als Zeuge, »ich kann doch in der Nacht net noch länger um a Hebamm umeinander laufn. Des täten Sie auch net, Herr Richter, wenn's eh schon so pressiert, und da tät der da sagn«, dabei zeigte er auf Dr. Schauer, »ich soll noch länger rumrennen, bloß weil ihm die Hebamm da net passt. Sein Einverständnis hätt ma einholen solln, mitten in der Nacht, da frag ich mich, Herr Richter, glauben S' mir, wir warn so froh, wia die Hebamm 'kommen is', gell, Reserl«, wandte er sich an seine Frau, die heftig mit dem Kopf nickte.

»Des erste Kind ist uns eh bei der Geburt gstorbn und wir haben Angst ghabt, es könnt wieder so kommen, und da tät der sagen, in an andern Landkreis hätt ich rennen solln, bloß weil er a Paragraphenfuchser is'.«

Mit seinen einfachen Gedanken sagte Heini das Richtige. Bei diesen natürlichen Menschen braucht es keine langen Überlegungen, sie sprechen in ihrer Sprache die Wahrheit, in ihrer unkomplizierten Art, ohne kluge Formulierungen und Umschweife eben das, was sie in ihrem Herzen empfinden.

Die weiteren Argumente, die Dr. Schauer vorbrachte, erwiesen sich als untauglich. An diesem Tag hatte *er* die schlechteren Karten. Das Blatt hatte sich gewendet. Man konnte ihm ansehen, dass er mit dem Verlauf des Prozesses höchst unzufrieden war.

Auf Grund der Zeugenaussagen und der Tatsache, dass ich aus der Not der Stunde Geburtshilfe ohne Entgelt geleistet hatte, konnte der bewusste Paragraph nicht angewendet werden. Das Urteil lautete: Freispruch für die Angeklagte, die Gerichtskosten gehen zu Lasten der Staatskasse. Diesen Urteilsspruch hat Dr. Schauer noch abgewartet, obwohl er schon zum Gehen an der Tür bereitstand. Eiligst verließ er den Gerichtssaal um über seine Machtbefugnisse nachzudenken, die eben auch ihre Grenzen hatten.

Obwohl ich durch den Freispruch glänzend rehabilitiert war, kam keine rechte innere Zufriedenheit in mir auf. Ich gewann den Eindruck, dass es bei gerichtlichen Auseinandersetzungen manchmal nicht um Recht oder Unrecht ging, sondern um Machtbefugnisse, die man zeigen und ausüben wollte.

Ein Kapitel meines Lebens war zu Ende gegangen. Es war ein unerfreulicher Zeitabschnitt gewesen, aber ich konnte vieles daraus lernen. Ich hatte die Erfahrung gemacht, dass man bei noch so gutem Willen und ganz ohne eigenes Verschulden in Konflikt mit Gesetzen und Paragraphen geraten kann.

Seit jenem Tag sind inzwischen Jahre vergangen. Ich habe meinen guten Weg gefunden, den mir die Babett vorausgesagt hat. Manchmal denke ich zurück an die Zeit, in der ich am Boden lag, hoffnungslos, verzweifelt, und doch ist diese Erinnerung ohne Bitterkeit geblieben, weil ich so viel Zuspruch von Freunden und Bekannten bekommen habe und weil mir bewusst war, dass ich mit Zorn und Groll im Herzen nicht leben konnte.

Trotz der unliebsamen Ereignisse damals ist mir das Geburtserlebnis der kleinen Katharina im Herzen hängen geblieben. Ich denke mit ganz besonderer Freude daran zurück, zumal ich nach vielen Jahren erfahren habe, dass sie das einzige Kind ihrer Eltern geblieben ist.

Uns sind die Namen ausgegangen

Nun musste ich mich neu orientieren um in den Besitz dieses wichtigen Dokumentes zu kommen, ohne das es keine Arbeit für mich gab. Es war mir klar, dass ich unter den gegebenen Bedingungen, nach allem, was geschehen war, nie mehr im Landkreis Battenburg würde tätig sein können, dass ich auf keine Niederlassungserlaubnis in dieser Gegend mehr zählen konnte; denn Dr. Schauer als Amtsarzt würde mir die Niederlage, die ich ihm beigebracht hatte, nie verzeihen.

Ich übernahm Vertretungen im nieder- und oberbayerischen Raum für erkrankte oder durch sonstige Umstände verhinderte Kolleginnen. Das bedeutete auch die Trennung von meinem Zuhause. Ein ruheloses Leben begann, das einen längeren Zeitabschnitt dauern sollte.

Meine Arbeit ohne Niederlassungserlaubnis wurde von allen Ämtern toleriert, und wenn ich die Behörden darauf angesprochen habe, schüttelte man den Kopf, »nicht nötig«, hieß es.

Dann kam der Tag, der die Wende zu einem beständigen Leben brachte. Ich konnte es kaum fassen. Eine Niederlassungserlaubnis, dieses Dokument, um das ich unter so viel Schwierigkeiten und oft voll Kummer so lange gekämpft hatte, fiel mir ohne mein Dazutun in den Schoß. Die Ruhelosigkeit hatte ihr Ende gefunden. Die Anklage, die Verurteilung und schließlich der Freispruch – all das schien mir an diesem Tag unendlich fern. Mir war, als schiene die Sonne nun heller, als sei das Blau des Himmels leuchtender und als grüßten die Leute, denen ich begegnete, freundlicher. Mit einem tiefen Atemzug gab mein Mann zu erkennen, dass er über diese Wende glücklich war. Ein »Gott sei Dank« war alles, was er sagte, und ich weinte vor Freude.

Ich hatte nun im Alpenvorland meine Heimat gefunden. Das kleine Krankenhaus des Städtchens Kraiburg war für Notfälle bei Geburten leicht zu erreichen und sonst blieben die werdenden Mütter zu Hause. Es war nicht üblich, bei Schwangerschaft einen Arzt aufzusuchen. Die Begegnung auf der Straße oder nach dem Sonntagsgottesdienst reichte aus um mich zu verständigen: »In ein paar Wochen ist's bei mir so weit, bloß dass du a Wissen hast davon.« Dass es gelegentlich auch Schwierigkeiten geben konnte, das übersah man. »Bei mir net«, hieß es, »weil ich gsund bin.«

Die Rainerbäuerin war auch dieser Meinung, als ich eines frühen Morgens zu ihr geholt wurde um ihrem achten Kind zum Leben zu verhelfen. Sie war eine von jenen Landfrauen, die nicht viel redeten, die mit wenigen Worten alles sagten, was es zu sagen gab, die Sicherheit in ihrer Umgebung ausstrahlten und der Mittelpunkt der Familie waren. Diese Frauen ruhten in sich selbst. Die Geburt des kleinen Mädchens ging schnell und reibungslos vonstatten, ohne viel Gerede, ohne ängstliche Fragen. Nur die eine Frage, die alle Mütter stellen, musste ich beantworten: »Is' des Dirndl gsund?«

Es war gesund und quicklebendig, dem kräftigen Schreien nach zu urteilen.

Nach dem Vater, der mit einem »Vergelt's Gott, dass alles vorbei is'« leise an das Bett der Wöchnerin trat, kamen auch die anderen Kinder aller Altersstufen um den Zuwachs zu betrachten, der den Platz am Tisch etwas enger machen und auch sonst seine Rechte fordern würde. Nur der Große, der Michi, fehlte. Sein Interesse an der kleinen Schwester schien, wenn er überhaupt eines hatte, gering zu sein. Auf meine Frage, ob er die Kleine schon gesehen hätte, antwortete er: »Naa, des pressiert net a so, die seh ich noch oft gnua.«

Es sei aber ein liebes Kind, wollte ich ihm zu verstehen geben.

»Hm, kann scho' sein, aber für nix gut ist sie halt«, sinnierte er. »A Heiß wär mir lieber gwesn.«

Dabei schnitzte er eifrig an einem Stück Holz, das er drehte und wendete, es schien, als ob ihm das Kunstwerk Schwierigkeiten machen wollte.

Auf meine Frage, was dieses Schnitzwerk, das sich noch in den Anfängen befand, werden sollte, antwortete Michi nach kurzer Pause: »A Heiß soll's werden, aber gwiss ist's noch net.«

Ein Heiß, also ein Fohlen, war sein größter Wunsch. Sein Interesse, seine Liebe galt den Pferden, dabei blieb seine kleine Schwester im Hintergrund. Mit ihr konnte man vorerst eh nichts anfangen, und außer dass sie schreien konnte, besaß sie keine Qualitäten.

Viel später habe ich erfahren, dass Michi zum Beschützer der kleinen Veronika geworden ist, weil sie die Kleinste und Schutzbedürftigste war und auch die Letzte in der Reihe der Geschwister.

Frauen mit vielen Kindern waren im Allgemeinen stabil und robust, hart im Geben und im Nehmen. Anders war es bei den Häuslleuten, bei den Frauen in Arbeiter- oder Taglöhnerkreisen, mit ihrem schwächlichen, ausgemergelten Körper, der schon im Kindesalter überfordert worden war mit allzu schwerer Arbeit, der sich auch später nicht erholen konnte, weil eine Schwangerschaft der anderen folgte, eine Geburt der anderen. Häufig war der monatliche Zyklus jahrelang nicht vorhanden, weil die Gebärtätigkeit ohne Pause war. Aus diesem Grunde konnte auch der Geburtstermin nie richtig errechnet werden. Aber das war sowieso von untergeordneter Bedeutung. Darüber machte man sich keine Gedanken. »Des Kind kommt schon, wenn's Zeit ist«, war die Meinung dieser unbekümmerten Menschen und man überließ der Natur alles Weitere.

Ein sonniger Herbst ließ die Landschaft in allen Farben leuchten. Die letzten einsamen Rosen blühten bei dem Marterl am Wegrand, das vor mehreren Jahren errichtet worden war zum Gedenken an Isidor Obermoser, Holzknecht beim Bauern an der Leiten, der hier tödlich verunglückt ist. »A armer Mensch war er, der Isidor«, erzählte mir die alte Stasi, »weil er niemand ghabt hat, der ihn a wen'g mögn hätt, bloß seine zwei Ross', an denen is' er ghängt, aber die haben halt dem Bauern ghört. Im Winter ist's gwesen, wie des Radl vom Fuhrwerk 'brochn ist und der Wagen den Isidor unter sich begraben hat. Gott hab ihn selig, den Isidor, er war a braver Mann und a guter Knecht.«

Seitdem pflegt die Stasi die Gedenkstätte, die an einen einsamen Menschen erinnert, der weder Liebe noch Zuneigung erfahren, der niemanden hatte, dem er sich mitteilen konnte, und der hier in Ausübung seiner Pflichten zu Tode gekommen war.

An diese traurige Begebenheit musste ich beim Anblick dieses Marterls denken, als ich an einem frühen Nachmittag auf dem Weg zu Thekla war, die mich zur Geburt ihres – wievielten ? – Kindes holen ließ. Blass und verhärmt lag sie auf ihrem Strohsack, in einem Bett, das schon mehrere Generationen überdauert hatte, aber nun vermutlich bald das Zeitliche segnen würde. Zwei tief liegende Augen blickten mir apathisch entgegen, als ich mich nach ihrem Ergehen erkundigte. Auf den Armen traten kräftige Venen hervor, ein Zeichen von schwerer körperlicher Arbeit in frühester Jugend. Die dürren Beine waren übersät von starken Varizen, die ihr mit Sicherheit erhebliche Beschwerden machten, ebenso wie die Schwielen und Schrunden an beiden Füßen, die beim Gehen schmerzen mussten. Arme Thekla! Sie konnte einem Leid tun.

Die Geburt zog sich in die Länge. Der schwache Körper, die gedehnten, überforderten Bauchmuskeln ließen keine richtigen Kontraktionen zustande kommen, wie bei einem Geburtsvorgang notwendig wären. Immer wieder längere Pausen, schwache Wehen, kraftlos wie die werdende Mutter selbst. Der ausgemergelte Körper wehrte sich durch Wehenschwäche gegen die Zumutungen, die man ihm aufbürdete. Es war ein Bild des Jammers.

Ich versuchte mit Thekla in ein Gespräch zu kommen um die langen Wehenpausen zu überbrücken, um abzulenken von der Angst, die jede werdende Mutter befällt.

»Das wievielte Kind wird nun kommen?«, fragte ich Thekla.

Leise zögernd antwortete sie nach kurzer Pause: »Das vierzehnte, des weißt du doch eh.«

Ich hatte es tatsächlich nicht mehr so genau gewusst. Um das Gespräch nicht abreißen zu lassen fragte ich jetzt: »Der Name Thekla ist hier etwas ungewöhnlich. Hat das einen besonderen Grund, weshalb sie dich so genannt haben?«

Ihre Antwort kam nun etwas fließender, ihre Augen blickten etwas lebendiger, als sie mir zwischen zwei Wehen den Grund dieser Namensgebung erzählte. »Ja mei«, berichtete sie, »bei so viel Kinder, wie's bei uns daheim war, acht Dirndln und vier Buben, da ist das Häusl bald über'gangen, so, wie's bei uns auch ist. Ja, und die Namen sind auch aus'gangen, ich war des achte Dirndl und da war des nimmer so leicht, an Namen finden. Aber dann ist der Patin die Pfarrköchin, das Fräulein Thekla, eingfalln.«

»A so heißts'«, bestimmte sie und ein wenig Glanz warf dieser Name auch auf diese einfachen Leute, die in die unteren sozialen Schichten gehörten, die von keinem gefragt und wenig beachtet wurden. Den Namen der Pfarrköchin zu tragen, die in dem kleinen Ort eine angesehene Persönlichkeit war, hatte schon etwas Besonderes. Man war hochzufrieden mit dem glücklichen Einfall der Patin.

Es wurde Abend, ohne dass sich im Geburtsverlauf wesentliche Fortschritte gezeigt hätten. Schwere Tritte kündeten nun an, dass Theklas Ehemann, der Vinzenz, von seinem schweren Dienst als Holzarbeiter nach Hause kam. Seinem mürrischen Gesicht nach zu schließen war er bei meinem Anblick alles andere als erfreut. Sein Unmut war ihm deutlich anzukennen.

Nicht mehr ganz nüchtern wärmte er die Kartoffelsuppe auf, die Thekla noch vorgekocht hatte. Dazu hob er mehrere Ringe vom Küchenherd und hängte die große Stielpfanne in die Glut. Verdrossen löffelte er seine bescheidene Mahlzeit. Ich wusste ohnehin, wie der Speisezettel dieser Häuslleute aussah: In der Hauptsache gab es, neben Brot und Kraut, Kartoffeln in jeglicher Zubereitungsart.

»Wo sind die Kinder? «, wollte er wissen.

»Die sind bei der Patin, Vater«, gab Thekla demütig-bescheiden Auskunft.

Nach diesen Worten nahm Vinzenz seinen zerbeulten Hut, an dem noch der Geruch des Waldes hing, ging zur Tür und wollte sich aus dem Staub machen.

Thekla blickte ihm wortlos, viel sagend nach. In ihren Augen lag der Kummer des Alleingelassenwerdens in den Stunden der Schmerzen, in denen man die Gegenwart und Teilnahme des Partners am nötigsten bräuchte.

Ich kannte Vinzenz schon lange und sein Verhalten war mir nicht fremd. Meinen gelegentlichen Tadel nahm er stets, wenn auch brummend, hin, änderte aber nichts an seiner Lebenseinstellung. Eine lieblose Kindheit, ebensolche Jugendjahre, später das sorgenvolle Leben in schwerer körperlicher Arbeit hatten diesen Mann geprägt, mit Mitleid und Bedauern wusste er nichts anzufangen.

Doch heute sah ich die Dinge ein wenig anders, weil ich Theklas seelische Not so deutlich erkannte. In ihren Augen lagen Trauer, Enttäuschung und die Bitte um ein wenig Zuwendung und Wärme.

Noch bevor Vinzenz die Türe schließen konnte, hielt ich ihn zurück und sagte: »Dein Platz ist heute hier in der Stube bei deiner Frau, die sowieso nicht zu beneiden ist, wo sie mit dir zusammenleben muss. Dass du mich am liebsten verwünschen möchtest, das weiß ich, aber das hast du dir selber zuzuschreiben. Denk lieber über deinen allzu reichen Kindersegen nach, den du zu verantworten hast, und dass es damit eine Änderung geben muss.«

Rülpsend warf er seinen Hut in die Ecke und stierte mich böse an, als er antwortete: »Was kann denn ich dafür, wenn ich a Weib hab, des alleweil gleich schwanger wird! Meinst, dass mir des gfallt?«

Ich hatte ein böses Wort auf der Zunge, das ich mit aller Mühe unterdrücken musste, bei so viel Unverfrorenheit.

»Und überhaupts«, fuhr er fort, »du kannst leicht redn, weil du dich da auskennst, da kann ma' leicht redn«, wiederholte er sich.

Ich musste ihm sagen, dass eine Schuldzuweisung an seine Frau dumm und ungerecht sei; denn steuern müsse den Kindersegen der Mann und nicht die Frau, wie er das zu seiner Rechtfertigung gern hingedreht hätte.

Stunden vergingen, die Petroleumlampe war angezündet, draußen wurde es Nacht. Der Vinzenz hockte auf der Holzkiste vor dem Herd, mit sich und seinen Gedanken beschäftigt, die unschwer zu erraten waren. Ab und zu warf er einen Blick auf seine Frau, deren Wehen sich häufiger und stärker zeigten. Ich gab Thekla meine Anweisungen, sie meinte dazu: »Von einem zum anderen Mal vergisst ma' alles.«

Sonst war es still im Raum, nur das leise Stöhnen der werdenden Mutter war hörbar. Zu Vinzenz' Ehre muss ich sagen: Er war mir doch noch eine wertvolle Hilfe. Er holte vom Brunnen draußen Wasser, stellte einen großen Topf davon auf den Herd, kümmerte sich, dass das Feuer nicht erlosch, und ging mir auch sonst bereitwillig zur Hand.

Mitternacht war längst vorbei, als die Geburt ihrer Endphase zuging. Mit äußerster Kraftanstrengung verarbeitete Thekla die letzten Wehen. Es schien, als ob ihr Körper nicht mehr bereit sei diese Anforderungen zu erfüllen. Schwer atmend fiel sie nach jeder Wehe in die Kissen zurück, teilweise nicht mehr ansprechbar. Jede neue Wehe holte sie in die Wirklichkeit, mit neuer Anstrengung, die sie kaum noch bewältigen konnte. Teilnahmslos, gleichgültig war sie dem Geschehen gegenüber und mit ihren Gedanken, so schien es, war sie weit weg.

Dann kam die große Apathie über sie, die im Kreißbett eine besondere Aufmerksamkeit erfordert. »Ich kann nimmer, ich mag nimmer, tu mit mir, was du magst, es geht nimmer.« Sätze, wie ich sie noch bei keiner Geburt von Thekla gehört hatte. Meine tröstenden Worte schien sie nicht zu hören, sie wollte sie nicht hören. Sie war willenlos, bereit aufzugeben. Nur Ruhe, Ruhe, das war alles, was sie wollte.

Die nächste und, wie ich hoffte, letzte Wehe kam. »Thekla«, bat ich, »noch ein einziges Mal, noch eine letzte Anstrengung. Denk an dein Kind, das doch leben möchte.«

Bei diesen Worten mobilisierte sie, wie zu sehen war, ihre letzten Kräfte. Ich half mit sie zu entlasten, drückte meine beiden Hände auf ihre Bauchdecke um ihr eine weitere Wehe zu ersparen.

Dann war es da, dieses arme Wesen, untergewichtig, schwach, mit bläulicher Hautfarbe. Sein erster Schrei war dünn, kläglich und machte den Eindruck, als ob das Kind keine rechte Freude am Leben hätte. Ich legte es der Mutter in den Arm, die es an sich drückte, wie es nur eine Mutter tun kann, mit ihrer einmaligen Liebe zu ihrem Kind, wenn es auch schon das vierzehnte ist.

Nun erhob sich Vinzenz von der Holzkiste und kam an das Bett seiner Frau um den Zuwachs zu sehen, der nun seine Berechtigung in Nahrung und Wohnung fordern würde.

»A Bua ist's, hast gsagt«, wollte er bestätigt haben und ohne eine Antwort abzuwarten meinte er: »Na ja, wird eh net lang leben, so, wie der beieinand ist. Naa, gwiss net.«

»Wie kann man bloß so daherreden«, entrüstete sich die Thekla. Dabei drückte sie ihr Kind noch mehr an sich und ein paar Tränen fielen auf das Kissen. »Das Kind braucht net sterben und soll net sterben«, hörte ich die Frau sagen. Ein Unmut, ein Aufbegehren lag in ihrer Stimme, ein Ton, den man sonst an ihr nicht kannte, an ihr, die sich sonst in allem ohne Widerrede ihrem Mann unterordnete.

Die Stasi sollte Recht behalten, als sie damals sagte: »Naa, naa, der bleibt schon da, der hat den Haufen schon gsehn, da geht keins mehr weg.«

Ein leichter Grauschimmer am östlichen Himmel kündete den neuen Tag an, als ich auf dem Heimweg war. Mit meinen Gedanken war ich bei dem kleinen, noch namenlosen Buben, Theklas vierzehntem Kind, dem ich wünschte, dass er trotz seiner Schwäche am Leben bliebe, obwohl er in eine absolute Armut hineingeboren wurde und sein Leben von harter Arbeit und von seinem niederen sozialen Stand bestimmt sein würde. Und besonders dachte ich an Thekla, an ihr armseliges Leben, an ihren desolaten Gesundheitszustand, der mit keiner Geburt mehr belastet werden durfte, wenn es nicht zum Schlimmsten kommen sollte. Ich fühlte mich verantwortlich eine nochmalige Geburt, die mit Sicherheit ein erhebliches Risiko für sie bedeuten würde, von ihr abzuwenden. Ich musste es tun, weil ich die Verhältnisse und die Mentalität dieser beiden Menschen am besten kannte, ihre Ausweglosigkeit, ihre Unbeholfenheit in allen Dingen des täglichen Lebens, den Kinderreichtum mit eingeschlossen.

Entgegen allen Vorhersagen erholte sich der kleine Bub, der später bei der Taufe auf meine Anregung hin, weil wieder »die Namen ausgingen«, Robert genannt wurde. »A schöner Nam'«, sagten einhellig seine Geschwister.

Den kleinen Robert behielt ich lange im Auge. Als mageres, flinkes Kerlchen kam er zur Schule.

Mit zwei hellen, offenen Augen sah er in seine kleine Welt und ein wacher Verstand ließ hoffen, dass er sich einmal bessere Lebensbedingungen würde erkämpfen können.

Bald wurde auch für Thekla das Leben etwas leichter, denn die größeren Kinder wurden bei den Bauern in der Umgebung untergebracht, für Kost und Wohnung, wobei sie schon frühzeitig zur Arbeit herangezogen wurden. Jedes Jahr ging das nächstältere aus dem Haus, so war der Platz am Tisch nicht mehr so eng, das Häusl nicht mehr so voll. Dass diesen Kindern und Jugendlichen häufig zu viel zugemutet wurde, so dass sie meist überfordert waren, das übersah man. Ständiger Schlafmangel führte zur Übermüdung dieser jungen Menschen, was sich wiederum in der Schule auswirkte. So wurden ihre geistigen Fähigkeiten zu wenig entwickelt, sie verkümmerten. Auch als Erwachsene blieben sie, mit wenigen Ausnahmen, auf einem niederen Niveau. Dazu kam, dass sich um die seelischen Bedürfnisse dieser jungen Menschen niemand gekümmert hat, sodass sie auch auf diesem Gebiet unterversorgt blieben.

Bald nach der Geburt des kleinen Robert hatte ich mit dem örtlichen Arzt, Dr. Altmann, ein langes Gespräch, in dem ich ihm Theklas Gesundheitszustand schilderte. Ich sagte ihm, dass eine weitere Geburt ein erhebliches Risiko sei und mit dem Schlimmsten zu rechnen wäre.

Dr. Altmann, dem in seinem langen, erfolgreichen Berufsleben nichts Menschliches fremd geblieben ist, war nicht nur Arzt, sondern auch Psychologe. Der seelischen Leiden seiner Patienten nahm er sich mit gleichem Engagement und gleicher Sachkenntnis an wie ihrer körperlichen Krankheiten und Gebrechen. Die Leute schätzten und verehrten ihn. Bei ihm gab es keine langen, klugen Reden, sondern mit Gesten, ein paar bescheidenen Worten, sagte er alles, was es zu sagen gab, eben nach Art dieser Menschen.

Dr. Altmann hörte mir aufmerksam zu, machte sich Notizen und versicherte mir, dass er sich wegen Thekla um alles Weitere kümmern werde.

Dieses Versprechen hat er in seiner zuverlässigen Art auch gehalten. Zu Thekla wurde ich nicht mehr geholt. Robert war der Letzte in der langen Reihe seiner Geschwister. Ich war Dr. Altmann dankbar für seinen Einsatz; 14 Geburten bei schwer angeschlagener Gesundheit, bei extremer Armut, das ist unmenschlich, das ist mehr, als ein Mensch ertragen kann.

Der Kindersegen schien in manchen Familien kein Ende zu nehmen. Bei gesunden, stabilen Frauen war die Belastung durch Schwangerschaft und Geburt kein allzu großes Problem. Sie erholten sich relativ schnell und gingen bald wieder ihrer gewohnten Arbeit nach. Die großen Kinder mussten sich um die kleineren kümmern, sie hatten bei den Schulaufgaben zu helfen und wurden für das Wohl und Wehe der jüngeren Geschwister verantwortlich gemacht. Es war verständlich, dass die Größeren mit Ärger reagierten, wenn wieder ein neues Kind dazukam und sie mit neuen Belastungen belegt wurden. Auf jeden Fall zogen sich die Kinder gegenseitig groß und wurden nicht zimperlich im späteren Leben. Eine oftmals harte Schule.

Warum ist die Welt so ungerecht?

Die ersten Tage des Advents kamen mit Schnee und Kälte, Nebel und Dunkelheit legten sich beklemmend auf das Gemüt der Menschen. Die grauen Schneewolken ließen erahnen, dass mir verschneite Straßen, vor allem nachts, das Leben schwer machen würden.

Ich bog eben von der Straße ab und in den tief verschneiten Feldweg ein, der zum Gehöft der Nierlinger führte. Dem neunten Kind sollte ich heute zum Leben verhelfen. Mit einem unguten Gefühl kam ich immer näher an den Hof heran, wusste ich doch, dass bei dieser Frau stets massive Blutungen in der Nachgeburtsperiode zu erwarten waren.

Auf meine wiederholten Ermahnungen, zur Geburt in ein Krankenhaus zu gehen, wo alle Möglichkeiten zur Behebung der lebensbedrohlichen Situation gegeben sind, hatte die Nierlingerin gesagt: »Nein, des geht net, ich muss die Kinder im Aug habn. Da ging's drunter und drüber, da wär kein Teller mehr ganz und kein Haferl hätt mehr an Henkl. Naa, naa, ins Krankenhaus kann ich net gehn. Du machst des schon wieder recht.«

Ihr Mut war bewundernswert, doch um meine Angst kümmerte sich niemand. Dieses Mal hatte ich mir fest vorgenommen sie in das Krankenhaus mitzunehmen, aber dagegen sprachen nun die verschneiten Wege. Und so, wie ich die Nierlingerin kannte, würde die Geburt ohnehin schon so weit fortgeschritten sein, dass ein Transport unmöglich geworden war.

Mit meiner Annahme behielt ich Recht. Schon beim Eintritt in die Stube sah ich am Gesichtsausdruck der Kreißenden, dass der Höhepunkt der Geburt bald erreicht sein würde. Wir mussten also hierbleiben und auf einen guten Ausgang des Geschehens hoffen. Ein ungutes Gefühl begleitete mich bei allem, was ich tat. Ich traf meine Vorbereitungen auch im Hinblick auf den Fall, dass es zu Zwischenfällen kommen sollte. Eine Blechwärmflasche konnte mir dabei wertvolle Dienste leisten – wenn man sie zum Kühlgerät umfunktionierte. Angefüllt mit klein geschlagenen Eiszapfen, die der Nierlinger von den Dachrinnen holte, konnte sie Blutungen zum Stillstand bringen. Draußen im Schnee wartete dieses Instrument auf seinen eventuellen Einsatz.

»Ich bin recht froh, dass du da bist«, hörte ich die Nierlingerin sagen. »Es wird schon wieder gut gehn, ist noch alleweil recht wordn.«

Ich pflichtete ihr bei, obwohl ich ihre Zuversicht nicht unbedingt teilte. Doch im Moment gab es andere Probleme. Ich musste mich auf einen schwierigen Geburtsverlauf einstellen. Das Kind kam in Steißlage, wie ich nach der ersten Untersuchung festgestellt hatte.

Bei einer kräftigen Wehe öffnete sich bald die Fruchtblase und ein Füßchen wurde sichtbar. Ich schob eine zusammengerollte Decke unter das Becken der Kreißenden um es etwas anzuheben und so eine bessere Position bei meiner nun folgenden Arbeit zu haben.

»Stimmt was net?«, hörte ich die Frage der Nierlingerin.

Ich erklärte ihr den Stand der Dinge und belehrte sie, dass sie heute in besonderer Weise auf meine Anordnungen achten solle.

»Ich tu alles, was du sagst. Es wird schon wieder recht werdn, ist noch alleweil recht wordn«, war ihre zuversichtliche Antwort.

Ihr Vertrauen war grenzenlos. Es war für sie selbstverständlich, dass alles ein gutes Ende nehmen würde, war es doch schon achtmal gut gegangen, wenn man von den Zwischenfällen bei den Nachgeburten absah. Warum sollte es das neunte Mal anders sein?

Die Wehen wurden stärker und häufiger. Es gelang mir, ohne größere Schwierigkeiten den zweiten Fuß herzuholen. Eine kleine Ruhepause sorgte für das nötige Atemholen und für kurze Entspannung. Bei der nächsten und, wie ich hoffte, letzten Wehe würde der kindliche Körper bäuchlings auf meinen Arm zu liegen kommen und ich würde bei der letzten und schwierigsten Phase mithelfen und das Köpfchen des Kindes mit ein paar geübten Griffen herholen. Das gelang ohne Komplikationen.

Es ist immer wieder ein wunderbarer Augenblick, besonders nach einer etwas schwierigen Situation, wenn man sagen kann: Es ist vorbei und es ist gut gegangen. Ein gesunder Bub schrie laut und kräftig, ein erlösender Schrei für alle Beteiligten. Die Mutter sagte ein inniges »Vergelt's Gott, dass es vorbei ist.« Der Nierlinger fuhr sich ein paar Mal über seine Augen und ich wischte mir den Schweiß und etwas Fruchtwasser, das mich beim Durchtritt des kindlichen Kopfes erwischt hatte, vom Gesicht. Dem Kind waren unsere Sorgen und Probleme unbekannt. Es fühlte sich im angewärmten Bettchen wohl, wie man sehen konnte.

Meine Aufmerksamkeit galt nun der Nachgeburtsperiode, die, wie gesagt, bei der Nierlingerin in besonderer Weise bedrohliche Formen annehmen konnte.

Die Eis-Wärmflasche lag nun in ein Tuch gewickelt auf dem Bauch der Mutter um von vornherein einer eventuellen Blutung entgegenzuwirken. Ich wartete auf die Geburt der Plazenta. Auch dieses Mal dauerte es länger als im Normalfall. In solchen Minuten der Sorge betete ich immer um den Schutz von oben. Ob er uns auch heute begleiten würde? Der Zeiger der Uhr rückte stetig vor, ohne dass sich ein Ende des Wartens abzeichnete.

Doch dann: Eine Wehe und eine leichte Blutung kündeten an, dass der Ablösungsprozess begonnen hatte. Ein leichter Zug an der Nabelschnur mit meiner rechten Hand, ein stärkerer Druck auf die Bauchdecke mit der linken, so half ich nach, auch diese Geburt zum Abschluss zu bringen. Um ganz sicher zu gehen hielt ich den Uterus von außen noch eine Weile, als Kompresse sozusagen, in meiner Hand, bis er dann der Eisflasche, inzwischen mit frischem Eis gefüllt, Platz machte.

Dieses Mal blieb die Nachblutung im Rahmen, sodass sich die Mutter in gutem körperlichen Zustand befand. Trotz des stattlichen Gewichts von 4050 Gramm und der regelwidrigen Lage ging es dem Kind bestens. Nur eine leichte Geburtsgeschwulst an dem einen Füßchen zeugte davon, dass es einen etwas ungewöhnlichen Weg auf diese Welt genommen hatte.

Der kleine Toni war das neunte und letzte Kind der Nierlingers. Die Mutter sagte später über ihn: »Unser Tonerl ist a ganz anderer, er macht alles mit der linken Hand, sogar beim Schreiben ist er ein Linker und meistens hat er den rechten Schuh am linken Fuß und den linken Schuh am rechten. Wenn er a Joppn zuknöpft, dann bleibt alleweil ein Knopf übrig. Ja mei, er is' ja schon verkehrt auf d' Welt kommen, da kann ma' nix machn.«

Die Nierlingerin war der festen Überzeugung, dass die Eigenheiten des kleinen Tonerl mit der regelwidrigen Geburtslage des Kindes in Zusammenhang stehen.

Auf dem Nierlingerhof gab es für mich nichts mehr zu tun, jedenfalls vorerst nicht; denn nach Jahren sollte mich eine junge Nierlingerin zur Geburt ihrer Kinder zu sich holen: Eine andere

Generation war im Kommen um das Erbe dieses jahrhundertealten Hofes fortzusetzen.

Heute finde ich es manchmal geradezu erstaunlich, unter welchen Bedingungen damals ungewöhnliche Vorkommnisse im Geburtsverlauf, aus der Not der Stunde, gemeistert wurden. Die neue Zeit hat es mit sich gebracht, dass, um jedes Risiko zu vermeiden, Geburten in Beckenendlagen durch Kaiserschnitt beendet werden. Wir Hebammen mussten nun umdenken, uns mit den Neuerungen auseinander setzen und sie schließlich akzeptieren. Es wurde uns nun auch bewusst, dass ein Umbruch stattgefunden hat. Die medizinische Geburt hat Einzug gehalten.

Es war Frühling geworden in dem schönen Land am Rande der Bayerischen Alpen, das nun nach einem langen Winter all seine Pracht den Menschen zeigen wollte.

Ich war auf dem Weg zum Sonnleithof, der von seiner Anhöhe herunterschaut auf das Tal, auf den Inn mit seinen Auen, auf Wiesen und Felder dieses gesegneten Landes. Ein wohlhabender Mann war er, der Sonnleitbauer, mit seinem Grundbesitz und seinem Viehbestand, der sich sehen lassen konnte. Einer der größten und schönsten Höfe im Umkreis.

Nach langem Warten und Hoffen sollte heute der Erbe für diesen beneidenswerten Besitz zur Welt kommen. Zwei Kinder hatte dem Sonnleitner und seiner Bäuerin der Tod genommen. Das war schon Jahre her. Man hatte die

Hoffnung auf weiteren Kindersegen, so sehr es auch schmerzte, aufgegeben und sich mit diesem Schicksal abgefunden. Nun schien aber doch noch ein Wunder geschehen zu wollen, der Hof würde weiterleben mit diesem Kind. So viel Glück war für die Sonnleitleute kaum zu fassen.

Ich betrat die Schlafstube, in der die werdende Mutter auf mich wartete. Der große Kachelofen strahlte an diesem kühlen Frühlingstag wohlige Wärme aus, alles im Raum einschließlich der alten Wiege, einem Bettchen mit Rüschen und Spitzen, weiß bezogen, zeugte von der Wohlhabenheit des Sonnleithofes und seiner Besitzer. Eine »Herrenbäuerin« war sie, die Sonnleitnerin: kein müder, abgeschaffter Körper, keine schwieligen Hände, eine gepflegte Erscheinung, die mit keiner schweren Arbeit belastet wurde, dafür waren die »Ehehalten«, die Knechte und Mägde, da, die für einen reibungslosen Ablauf des Betriebes sorgten.

»Ich hab schon viel von Ihnen ghört«, begann sie ihre Begrüßung, »und ich freu mich, dass Sie zu uns auch amal kommen – kommen können«, verbesserte sie sich.

Auf meine allgemeinen Fragen antwortete die Sonnleitbäuerin ohne viel nachzudenken, genau, sehr präzise, als ob sie darauf vorbereitet gewesen wäre. Ihre Aussprache war, wie sie selbst, gepflegt, an ihren Formulierungen konnte man erkennen, dass sie eine bessere Schulbildung genossen hatte. Hier fehlte das sonst übliche »Du«, aber ich spürte das Vertrauen, das mir entgegengebracht wurde.

Die Geburt ging langsam vor sich, es war auch erst der Beginn. Der frühzeitige Ruf an mich hatte gute Gründe, man wollte ganz sicher sein, dass nichts Unvorhergesehenes geschah, dass fachliche Hände da waren, für alle Fälle, dass man beruhigt sein konnte. Resi, die Kuchlmagd, wurde beauftragt in Reichweite zu sein, wenn ich Anordnungen hätte. Die führte sie dann auch, trotz ihrer jungen Jahre, mit Überlegung und Geschick aus. An Vorbereitungsarbeiten gab es für mich wenig zu tun. Alles Notwendige war mit Sorgfalt hergerichtet, man spürte, mit welcher Freude dieses Kind erwartet wurde.

In den Wehenpausen hatten die werdenden Mütter Zeit und Gelegenheit, von ihren Sorgen zu sprechen, die sie belasteten, von ihrer Arbeit, von Problemen in ihrer Ehe, von der Partnerschaft, die häufig die Erwartungen dieser Frauen nicht erfüllte. Die Klagen über Schwiegermütter, ob zu Recht oder Unrecht, waren endlos. Manche Beichte war lang und befreiend, wenn sich die werdenden Mütter Dinge von der Seele sprachen, die sie sonst niemandem anvertrauen wollten.

Auch die Sonnleitbäuerin gab mir Einblick in ihr Leben, das in gutem Einklang mit ihrem Ehemann verlief. Doch der Tod der beiden Kinder hatte in ihrem Inneren eine tiefe, schmerzende Wunde hinterlassen. Ihre Trauer versuchte sie, wie sie mir sagte, vor ihrer Umgebung zu verbergen, besonders ihr Mann sollte nicht wissen, wie viel Leid sie in ihrem Herzen trug, wie sehr ihr der Verlust ihrer Kinder wehtat. Die kleine Elisabeth war ein Jahr und zwei Monate alt, als sie an den Fraisen starb. Georg, der Zweitgeborene, kam mit einem Herzfehler belastet zur Welt. Er war fünf Jahre alt, dann erlag er diesem angeborenen Leiden. Eine seltene Tragik.

Diese Schicksalsschläge rückten nun etwas in den Hintergrund, als sich ein neues Leben angemeldet hatte, das, wie wir alle hofften, bessere Lebenschancen haben würde.

Auf dem Hof und in seinen Gebäuden war es ungewöhnlich still, trotz der vermehrten Arbeit, die das Frühjahr mit sich brachte. Ab und zu klirrte eine Kuhkette oder krähte ein Hahn, sonst hörte man nur das Rauschen des nahen Waldes. Resi, die Kuchlmagd, meinte dazu auf meine Frage: »Ja mei, der Bauer hat des angschafft. Heut darf net viel Lärm gmacht werden, hat er gsagt, weil, weil, na ja, weil halt a Ruh sein soll, heut.«

Es stimmte mich nachdenklich, mit wie viel Sorgfalt man sich hier auf die Geburt vorbereitete. Das Kind, das man erwartete, sollte nicht nur Hoffnungen erfüllen, sondern mit ganz großer Liebe aufgenommen werden. Ein Lichtblick in meinen oftmals bitteren Erfahrungen.

Nach mehrstündigem Warten war es dann soweit. Die kleine Marianne tat ihren ersten Schrei, erst etwas zögernd, dann aber schrie sie ihr Unbehagen laut in die Stube, weil sie in diese kalte Welt hergeholt wurde, getrennnt von der mütterlichen Wärme.

»Es lebt!«, hörte ich den erfreuten Ausruf der Mutter. »Ist's auch gsund?«, kam anschließend die Frage.

Ja, sie war frisch und lebendig, die Kleine, als ich sie der Mutter in den Arm legte. Ein wenig untergewichtig, mit nicht ganz 2500 Gramm, aber das würde sie bald aufholen.

Ganz leise trat der Sonnleitbauer an das Bett seiner Frau, legte seinen Arm um sie und sagte: »Vergelt's Gott, Marianne, vergelt's Gott tausendmal!«

Diese Geste, diese wenigen Worte sagten mehr aus, als eine lange Rede es vermocht hätte. Hier waren sich zwei Menschen in gegenseitigem Verstehen und inniger Zweisamkeit sehr nahe. Sie trugen gemeinsam die Freude, aber auch die Schicksalsschläge, die ihnen auferlegt wurden. Sie waren sich gegenseitig Stütze und Halt.

Resi, die Kuchlmagd, deren rastlose Hände sonst nie ruhten, fand ich in der Küche mit ihren Gedanken beschäftigt. Noch bevor ich Fragen stellen konnte, begann sie nachdenklich: »Ich weiß net, dass es so was gebn darf. Warum sterben unserer Bäuerin gleich zwei Kinder, wo doch der Doktor alleweil 'kommen ist? Bei mir daheim sind uns zehn Kinder, da ist nie ein Doktor net ins Haus 'kommen. D' Mutter hat uns halt mit der Schweinfettn eingrieben oder an Tee kocht, wenn eins krank war. Auf der Sonnleitn ist jetzt bloß ein Kind da, dafür ein Haufen Vieh im Stall, wo bei uns mit zehn Kinder bloß zwei Geißen im Schuppen stehn. Warum ist die Welt so ungerecht, frag ich mich? Ich versteh des net!«

Als ich ihr sagte, dass schon andere Leute sich darüber den Kopf zerbrochen hätten ohne eine Lösung zu finden und dass wir zwei dies nicht ändern könnten, weil es immer schon so war und so bleiben wird, gab sie sich halbwegs zufrieden und fand sich damit ab, dass dieses Problem eh nicht zu lösen sei.

Viel später musste ich über Resis Fragen lange nachdenken, als ein neuer Schicksalsschlag über den Sonnleithof hereinbrach.

Die kleine Marianne gedieh und war das ganze Glück ihrer Eltern. Des Öfteren, wenn mich mein Weg am Sonnleithof vorbeiführte, schaute ich nach dem Kind, das sich gut entwickelte und für jeden ein Lächeln übrig hatte.

Doch dann erreichte mich von der Sonnleitbäuerin die Nachricht, dass die Kleine, die nun schon die ersten Schritte machte, erkrankt sei. Tage des Wartens, des Hoffens, der Verzweiflung kamen. Doch weder Arzt noch Kinderkrankenhaus noch die Gebete der erschütterten Eltern konnten der kleinen Marianne helfen. Auch dieses Kind starb. Eine toxische Grippe, so hieß es, hatte dem jungen Leben ein Ende gesetzt.

Tränenlos, ein wenig zusammengesunken, als trüge sie eine schwere Last, kam mir die Sonnleitbäuerin entgegen, als ich sie besuchte. Schweigend saßen wir uns minutenlang gegenüber. Tröstende Worte hätten hier keine Aufnahme gefunden. Obwohl ich in meinem Berufsleben viel Leid gesehen habe, spürte ich ein Würgen in der Kehle beim Anblick dieser Mutter, die verzweifelt versuchte Haltung zu bewahren.

Nun begann sie zu sprechen: »Ein Jahr und sechs Tag' ist sie alt wordn, unser Marianne. Wir waren so glücklich, mein Mann und ich!« Das sonst so hübsche Gesicht dieser Bäuerin wirkte unendlich müde und ein paar graue Fäden zogen sich durch ihr volles Haar. »Ich kann nix mehr tun für unser Kind, nix mehr.« Dann kamen die erleichternden Tränen und die Worte, die ich nicht mehr vergessen habe: »Gott hat sie uns gegeben, er hat sie uns genommen. Sein Wille geschehe.«

Bei allem Unglück, das diese Frau erfahren hatte, blieb sie stark. Sie hat auch im Schmerz ihre Größe nicht verloren.

Der Sonnleithof und seine Menschen sind mir in Erinnerung geblieben. Er steht heute wie damals unter guter Führung seines Besitzers. Nach Jahren der Trauer um die kleine Marianne kam Michael, der jetzige Sonnleitbauer, als viertes Kind seiner Eltern auf diese Welt. Mit verhaltener Freude trugen wir ihn damals zur Taufe in Gedanken an seine Geschwister, die einen so kurzen Lebensweg gegangen sind. Doch ihm wurde in die Wiege gelegt, dass er den Sonnleithof übernehmen und weiterführen soll, zur großen Freude seiner Eltern.

Über den Tod der drei Sonnleitkinder wurde noch lange geredet und Spekulationen wurden angestellt. Warum, so sagte man, trifft so rechtschaffene Leute wie den Sonnleitbauer und seine Bäuerin so viel Unglück? Hinter vorgehaltener Hand wurde von einem Fluch in früheren Generationen gemunkelt. Die alte Stasi wusste noch mehr und Näheres zu berichten. Sie prophezeite, dass mit der magischen Zahl drei die Verwünschungen ihr Ende gefunden hätten. Aberglauben oder Tatsache? Hier scheiden sich die Geister.

Gell, die Mama braucht nicht sterben?

Es geschieht immer wieder, dass man als Hebamme mit einer grausamen Wirklichkeit konfrontiert wird: mit dem verzweifelten Kampf gegen den Tod. Solche Situationen erfordern nicht nur fachliches Wissen, geübte Handgriffe, vielmehr auch die innere Bereitschaft, um das Leben zu kämpfen, für das man verantwortlich ist, das einem anvertraut wurde.

Es war Firmung in unserem Markt und ein herrlicher Sommertag. Das große Ereignis kündete sich mit Fahnen, Blumenschmuck und reger Geschäftigkeit an. Der Weihbischof höchstpersönlich wurde erwartet. Um ihn sehen zu können kamen nicht nur die Firmlinge mit ihren Paten, auch die Bewohner des Marktes und der umliegenden Ortschaften eilten alljährlich zu diesem Fest herbei; denn einen Bischof in so unmittelbarer Nähe zu sehen, das gab es nicht alle Tage, das wollte man sich nicht entgehen lassen.

Nach einer anstrengenden Nacht war ich auf dem Heimweg, als ich die Schmidin von Dürling sah, die sich mit vier von ihren Kindern in die Gruppe der Wartenden vor dem Kirchenportal einreihte. Es war für mich eine günstige Gelegenheit mich nach ihrem Befinden zu erkundigen, wusste ich doch, dass sie wieder ein Kind erwartete und eklampsiegefährdet war – sie hatte schon einmal unter bedrohlichen Krampfanfällen gelitten. Die dringend notwendigen Arztbesuche verschob sie in ihrer Unbekümmertheit immer wieder von einer Woche zur anderen, in dem Glauben, »dass schon alles recht wird, auch ohne Doktor.«

Ihr Gesundheitszustand war mir eine erhebliche Sorge. Ich versuchte mich in der langen Reihe der Wartenden zu ihr hinzuarbeiten um mit ihr sprechen zu können; denn ihre Krankheit kann, wie sie am eigenen Leib erfahren hatte, gefährliche Formen annehmen.

Eben hatte ich die Schmidin erreicht, als auch schon der Wagen des Bischofs vorfuhr und ein würdiger Herr dem Fahrzeug entstieg. Eingeklemmt in den Reihen der neugierig Wartenden konnte ich weder vor noch zurück und ein Gespräch mit der Schmidin war unmöglich geworden. Die Mütter drängten mit ihren Kindern nach vorn um den Segen des Bischofs zu empfangen, der, so sagte man, sehr viel mehr Gewicht habe als der des Pfarrers; denn ein Bischof stehe doch um einiges höher. Folglich seien nicht nur seine Machtbefugnisse größer, sondern auch sein Segen wirkungsvoller, weil er dem Himmel näher stehe.

Segnend ging der geistliche Würdenträger die lange Reihe der Wartenden entlang und blieb plötzlich vor der Schmidin stehn, die in ihrer Aufregung nicht wusste, wie sie sich verhalten sollte. Ich sah, wie der Bischof ihren vier Kindern das Kreuz auf die Stirn zeichnete und anschließend fragte: »Sind das alles Ihre Kinder?«

Eine tiefe Röte überzog das Gesicht der Schmidin, als sie ein »Ja« hauchte und dabei mit dem Kopf nickte.

Doch der kleine Hansi wollte diese karge Antwort nicht gelten lassen, es war ja nur die halbe Wahrheit, die die Mutter preisgab. Mit lauter Stimme meldete er sich zu Wort um richtig zu stellen: »Und viere sind noch daheim, weil uns achte sind, Herr Bischof.«

Es war schwer zu erkennen, was in dem hohen Herrn vorging. War er erstaunt, verblüfft, amüsiert? Seinem vergnügten Lächeln nach war er belustigt über die Wahrheitsliebe dieses Kindes.

Etwas später erzählte mir die Schmidin: »Dass das neunte kommt, des hab ich mir nimmer sagen 'traut. Da hab ich mich auf einmal geniert.«

Meiner berechtigten Sorge um ihren bedrohlichen Gesundheitszustand schenkte sie kaum Beachtung, obwohl sich Ödeme im Gesicht und an den Beinen abzeichneten. Sie versprach mir aber, demnächst, wenn es sich ergebe, Zeit und Arbeit es zuließen und sonst nichts Dringendes anstehe, beim Arzt vorstellig zu werden. Außerdem habe es doch damit noch gar keine Eile, weil es erst in zwei bis drei Monaten so weit sei.

Es waren aber nur leere Reden. Die Schmidin suchte keinen Arzt auf und die Folgen dieser Unbekümmertheit blieben nicht aus, als nach einigen Monaten das Kind kam.

Der Sommer neigte sich seinem Ende zu, als mich ein dringender Ruf nach Dürling erreichte. Die Schmidin! Es sei sehr eilig, so hieß es.

Mit einem unguten Gefühl machte ich mich sofort auf den Weg und fand die Frau in einem erbärmlichen Zustand. Sie war bei der Stallarbeit von der Geburt überrascht worden und lag nun mit ihrem Neugeborenen zwischen Kühen und Kälbern auf der Streu des Kuhstalles. Ein ungewöhnlicher Ort um ein Kind auf die Welt zu bringen. Nach der Durchtrennung der Nabelschnur wickelte ich das Neugeborene in saubere Tücher, die man mir eiligst brachte, und legte es neben der Mutter in das Stroh. Dann holte ich die Plazenta her, die sich bereits abgelöst hatte. Das »Gott sei Dank« der Schmidin, als sie gut versorgt im sauberen Bett lag, kam aus tiefster Seele.

Damit war aber die Angelegenheit noch lange nicht ausgestanden. Die Wöchnerin klagte nämlich über Kopfschmerzen und Flimmern vor den Augen. Ich wusste, was das bedeutet: Nun würde das eintreten, was ich befürchtet hatte. Alle Vorbereitungen für einen kommenden Eklampsieanfall mussten getroffen werden. Das hieß, die Wöchnerin keine Minute allein lassen, den Arzt verständigen, den Raum verdunkeln, für Ruhe in der Umgebung der Kranken sorgen, allen Lärm, auch von draußen, fernhalten.

Gerade als Dr. Altmann die Stube betrat, kam der erste Anfall. Die Erschütterung des Körpers war gewaltig, wir hatten Mühe, die Kranke festzuhalten um sie vor Schaden zu schützen. Die Wöchnerin war nicht mehr ansprechbar, sie lag im tiefen Koma. Die Blutdruckwerte waren so hoch, dass sie nicht mehr registriert werden konnten.

Dr. Altmann kämpfte mit allen Mitteln um das Leben dieser Mutter, das nun in höchster Gefahr war. Sein Gesicht, das sonst Ruhe ausstrahlte, war von tiefer Sorge gezeichnet.

Nachdenklich, etwas gebückt, als trüge er eine schwere Last, verließ der Schmid die Stube um mit seinen Gedanken allein zu sein. Die Kinder schlichen aufgeschreckt durch das Haus, als ahnten sie den bedrohlichen Zustand der Mutter. »Gell, die Mama braucht net sterbn?«, fragte mich der kleine Hansi, der damals in seiner Wahrheitsliebe dem Weihbischof die Zahl seiner Geschwister verraten hatte. Dabei sahen mich seine großen, verweinten Augen traurig an. Was in dieser Kinderseele vor sich ging, das konnte man erahnen.

»Nein«, gab ich ihm zur Antwort, »die Mama wird wieder gesund werden. Du brauchst nicht mehr weinen.«

Er nickte nur dazu, wie es schien, ein wenig getröstet.

Der Tag ging zur Neige und im Zustand der Kranken schien es eine leichte Besserung zu geben. Die Anfälle wiederholten sich seit Stunden nicht mehr, der Atem ging wieder ruhig und gleichmäßig. Man konnte hoffen.

In dieser Nacht blieb ich am Bett der Wöchnerin, für den Fall, dass sich etwas Besonderes ereignen oder noch einmal ein Anfall kommen würde. Die Stille im Haus war wohltuend nach den Aufregungen des vergangenen Tages und besonders die Kinder, die unter den dramatischen Ereignissen sehr gelitten hatten, konnten den Schlaf gut gebrauchen.

Doch dann glaubte ich ein leises Geräusch vor der Tür zu hören. Täuschten mich meine Sinne, jetzt, da sie nach einem so anstrengenden Tag zur Ruhe kamen? Um mich zu vergewissern schaute ich nach draußen und sah Hansi in seinem dünnen Hemdchen zitternd vor der Schlafzimmertür sitzen. Er hatte wohl eine besonders enge Beziehung zu seiner Mutter und wollte ihr in diesen schlimmen Stunden nahe sein. Auf meine Frage: »Warum bist du nicht in deinem Bett, Hansi?« antwortete er: »Ich kann net schlafen.«

»Möchtest du zu deiner Mama, schauen, wie es ihr geht?«, fragte ich.

»Ja, bitt schön, darf ich hineingehn? Ich möcht die Mama bloß sehn. Ich bin ganz staad!«

Diese Antwort ließ die Not und die Angst des Kindes erkennen. Die Mutter, die doch immer da war, für sie alle sorgte, für jedes Tier im Stall, sie, der wichtigste Mensch in ihrem jungen Leben, würde sie die Kinder plötzlich allein lassen? Das war schwer zu begreifen.

Ich nahm Hansi an die Hand und führte ihn

an das Bett seiner Mutter, die nun wieder ansprechbar war. Es muss ein glücklicher Augenblick für ihn gewesen sein, als er sie sprechen hörte. Lang sahen sich die beiden an, dann nahm er ihr Gesicht in seine beiden kleinen Hände und sagte nur das eine Wort: »Mama.« Wie viel Zuneigung lag darin!

»Nun geh schlafen«, ermahnte ich das Kind, »morgen darfst du wiederkommen, da geht es Mama dann schon viel besser.«

Am frühen Morgen, es war noch dunkel, kam der Schmid leise in das Schlafzimmer. Er hatte, das sah man ihm an, eine schlaflose Nacht hinter sich und fragte leise: »Wie geht es ihr?« Es lag sehr viel Sorge in diesen Worten, und als ich ihm sagen konnte, dass die Gefahr vermutlich vorüber sei, trat er an das Bett seiner Frau, nahm wortlos ihre Hand und – weinte. In diesem robusten, kernigen Mann löste sich die Spannung, unter der er viele Stunden gelitten hatte, sodass er jetzt weinen konnte.

Auch ich kämpfte mit den Tränen, die man als Hebamme nicht zeigen durfte.

»Gefühle«, so hatte man es uns in der Schule gelehrt, »sind unter Kontrolle zu halten.« In Situationen wie dieser empfand ich eine gewisse Ambivalenz gegenüber meinem Beruf, der einem nicht nur körperliche und seelische Kraft, sondern auch Selbstüberwindung abverlangt.

Schon sehr frühzeitig kam Dr. Altmann um nach seiner Patientin zu sehen. Er war mit ihrem Allgemeinzustand sehr zufrieden. Die Blutdruckwerte waren zurückgegangen, eine sehr wichtige, beruhigende Tatsache. Wieder einmal war das Schlimmste überwunden und alle atmeten auf. Inzwischen war auch Tante Lene angekommen, die, etwas kundig in Krankenpflege, die Wöchnerin weiter betreuen würde.

Mit dem Kindsvater hatte Dr. Altmann ein längeres Gespräch, das den Schmid, wie ich sehen konnte, nachdenklich stimmte. Zu mir sagte er später: »Vergelt's Gott sag ich halt, dass du dich um uns so 'kümmert und uns so gholfn hast. Wie leicht hätt des schiefgehn können – und wie arm wir dagstandn wärn. Es stimmt net, dass Kinderreichtum alleweil a Segen sein muss.«

Nach der Versorgung von Mutter und Kind machte ich mich auf den Heimweg. Auch mich hatte dieses Erlebnis sehr nachdenklich gemacht. Zunächst aber einmal hieß es, ein paar Stunden Schlaf zu finden um für weitere Arbeiten einsatzfähig zu sein.

Damit der Storch das Dirndl wieder holt

Es gibt kaum etwas Schöneres, als früh am Morgen durch das sommerliche Land zu fahren, wenn alle Sinne die Schönheit des Augenblicks aufnehmen und der erste Sonnenstrahl den neuen Tag ankündet. In solchen Stunden glaubt man des Herrgotts Nähe zu spüren in der Freude über das Leben und unsere Welt.

Ich war auf dem Weg zur üblichen Wochenpflege bei der Emerbäuerin, die gestern ihr fünftes Kind bekommen hatte. Eine schmale Straße schlängelt sich den Bach entlang in vielen Windungen zur Anhöhe hinauf, auf deren höchstem Punkt die Kapelle steht. Dieses kleine Heiligtum ist weithin sichtbar und wird von den Menschen der Umgebung gerne besucht, sei es in einem Anliegen oder nur zu einem stillen Gebet. Mir diente dieses Gotteshaus mit seinem Zwiebelturm häufig als Orientierungspunkt auf der Suche nach dem rechten Weg, aber auch und vor allem als Ruheplatz zu einem kurzen, besinnlichen Verweilen an diesem friedlichen Ort.

Drüben am Waldrand bei dem kleinen Teich steht das Gehöft des Emerbauern, das sich eher bescheiden zeigt neben den großen Gebäulichkeiten der beiden benachbarten Bauernhöfe.

Leicht hatte sie es nicht, die Emerbäuerin, die

als Achtzehnjährige aus der Stadt kommend hier eingeheiratet hatte. Der »Anhang« von Geschwistern und Verwandten ihres Mannes machte ihr das Eingewöhnen nicht gerade leicht, jeder Handgriff wurde kritisch beobachtet und oft genug auch hämisch kommentiert. Dazu kam großes Heimweh nach ihrer Heimatstadt München, sodass sie hier auf dem entlegenen Bauernhof nicht zu Hause fühlen konnte.

Erst mit der Geburt ihrer Kinder wuchs in ihr das Bewusstsein, dass sie hierher gehörte auf diesen Platz, den sie nicht verlassen durfte, der erst jetzt wirklich ihre Heimat geworden war. Als ich beim ersten Kind zu ihr kam, war sie eine junge, zierliche Frau gewesen, hatte mit ihren großen, erstaunten Augen und den Grübchen an den Wangen, die ihr etwas Kindliches gaben, noch ausgesehen wie ein junges Mädchen. Doch mit den Jahren harter Arbeit und der Geburt von fünf Kindern hatte sich ihr Äußeres verändert. Sie hatte sich zur reifen Frau entwickelt, der Sorgen und ein Übermaß an Arbeit nicht fremd waren und die wohl nicht die Erfüllung ihres Lebens gefunden hatte.

Gerade jetzt, nach dem fünften Kind, sah ich mit größter Deutlichkeit, wie das harte Leben sie gezeichnet hatte. Mit jedem Jahr ein wenig mehr gruben sich zwei steile Falten von den Mundwinkeln abwärts in ihr einst so hübsches Gesicht, ihr schönes Naturhaar war stumpf geworden, ihre großen Augen blickten müde, glanzlos. Wie so oft sah ich einen überstrapazierten Körper, dessen dünne Arme und Beine die Merkmale von schwerer körperlicher Arbeit trugen. Nach vier Buben, der Jüngste war noch kaum ein Jahr alt, kam als fünftes Kind ein Mädchen, das den Namen Margarete bekommen würde, der verstorbenen Großmutter zu Ehren.

»Des is' auf dem Hof Brauch«, berichtete mir die Emerbäuerin, »dass die Namen der Verwandten, ob lebend oder tot, übertragen werden. Ich hab da net viel zum mitreden. Nur beim Seppi ist des anders 'gangen, weil der am Josefitag geboren ist.«

Ich konnte mich noch gut an die Debatte damals erinnern, der der alte Emerbauer ein Ende machte mit den Worten: »Lassts ihm doch sein' Nam'.« Damit hatte der Großvater den Namen des Kindes entschieden, das sonst dem Brauch entsprechend den Namen seines Taufpaten Matthias bekommen hätte, so wie es die Tradition erforderte. An einem so beliebten Feiertag geboren zu werden, wie es der Josefitag damals noch war, war Grund genug den Namen dieses Heiligen zu tragen. Hier mussten auch verwandtschaftliche Rücksichten zurückstehen. Großvaters Wort hatte Gewicht und somit hieß der Kleine nun Josef.

Während ich meine übliche Arbeit begann, nahm der alte Emerbauer den kleinen Seppi in seine Obhut um mit ihm im nahen Wald seine Runde zu gehen. Bedächtig füllte er aus der großen, runden Schüssel den restlichen Malzkaffee, der vom Frühstück der Familie übrig geblieben war, in die Milchflasche. Sorgfältig siebte er vorher die Flüssigkeit um sie von den restlichen Brotbröseln zu befreien, die sonst den Flaschensauger verstopft hätten. Jeder Griff schien geübt, perfekt. Eine ruhige Hand arbeitete besonnen, ohne Hektik und Eile, in der Art dieser Menschen. Als Großvater den Kleinen in das Leiterwagerl setzte um auf dem kurzen Feldweg in den nahen Wald zu kommen, da schienen die beiden mit sich und der Welt zufrieden.

Die kleine Margarete ruhte inzwischen frisch gebadet im großen Waschkorb. Das war gewiss ein etwas unförmiges Kinderbett und außerdem umständlich, wenn man es transportieren musste. Aber als ich zur Emerbäuerin meinte, dass der Kinderwagen besser geeignet sei, weil er beweglicher sei, und auch wenn ihn schon mehrere Generationen des Emerhofes genutzt hätten, würde er seine Aufgabe immer noch erfüllen, da erklärte sie mir: »Das wär freilich praktischer, aber der Kinderwagen is' im Moment net zu gebrauchen, weil der Bene, der Jungknecht, an Kasten Dünnbier auf den Kinderwagen hat fallen lassen und da ist er zusammen'brochen.«

Auf seine vier Räder wurde etwas später eine Persilkiste montiert um ihn wieder einsatzfähig zu machen. Er erfüllte, obwohl schon höchst betagt, auch beim fünften und letzten Kind seine Aufgabe.

Um die Wöchnerin und das Kind zu versorgen kam die Mutter der Emerbäuerin aus München angereist, die wohl ahnte, dass ihre Tochter im

Wochenbett dringend etwas Ruhe brauchte und auch sonst eine Entlastung nötig wäre. Man konnte der Emerin ansehen, wie sie sich mit jedem Tag mehr erholte, wie sehr sie das Umsorgtsein genoss. Sie wusste, dass in Haus und Hof alles seinen gewohnten Gang lief: Der Emerbauer ging der Arbeit in Stall und Feld nach und Großvater hütete die Kinder, die bei ihm in den besten Händen waren. Sie konnte beruhigt sein.

Aber dann kam ein Tag, den ich nie vergessen werde. Die kleine Margarete, erst ein paar Tage alt, musste wohl einen ganz besonderen Schutzengel für ihr Leben mitbekommen haben, sonst hätte es für sie an diesem Tag schlecht ausgesehen.

Ich war mit Mutter und Großmutter gerade bei der Zubereitung der Flaschennahrung in der Küche. Die kleine Margarete wussten wir im Waschkorb neben dem Bett der Mutter. Die größeren Buben hielten sich draußen auf der Wiese auf, als die Emerbäuerin überlegte: »Die Kleine ist noch ganz ruhig, obwohl sie schon Hunger haben müsst.«

Doch als ich das Schlafzimmer betrat um Margarete die Flasche zu geben, stand ich wie erstarrt. Der leere Waschkorb lag umgekippt am Boden, Kissen und Decken lagen verstreut in der Schlafstube, vom Kind fehlte jede Spur. Für den Augenblick konnte ich keinen klaren Gedanken fassen, es war schrecklich. Wie konnte es zu einem solchen Drama kommen!

Durch das Fenster des Schlafzimmers sah ich noch, wie die zwei größeren Buben den Wiesenhang hinunterliefen, der eine hielt ein weißes Bündel fest an sich gedrückt. Ihr Weg führte, wie ich zu meinem Entsetzen sah, Richtung Weiher.

Noch nie in meinem Leben waren meine Beine so schnell gewesen wie in diesen Minuten. Wieselflink bewegten sich diese beiden wendigen Bürschchen in Richtung Weiher. Dennoch brachte ich es fertig, sie auf halbem Weg, völlig außer Atem, einzuholen. Noch bevor ich Fragen stellen konnte, erklärten sie mir: »Wir brauchn des Dirndl net, wir legen's neben dem Weiher grad in d' Wiesn 'nei', damit's der Storch wieder holt.«

Ich war unfähig auch nur ein Wort zu sagen, so sehr saß mir der Schreck in den Gliedern. Stumm nahm ich die kleine Margarete auf meinen Arm, dankte dem Schutzengel, dass sie wohlbehalten war und nichts Schlimmeres passiert war.

Als die Buben mich schuldbewusst ansahen, brachte ich lediglich die Worte heraus: »Ihr seid von allen guten Geistern verlassen.«

Wir marschierten die Anhöhe hinauf, schweigend, ich mit meinen Gedanken beschäftigt, da fragte plötzlich der Größere: »Du, Frau Hebamm, was ist a Geist?«

»Das ist euer Schutzengel«, antwortete ich, »der euch verlassen hat, der euch nimmer mag, weil ihr eure Schwester davongetragen habt, damit sie der Storch holen soll.«

Zu Hause folgte die Strafe auf dem Fuß: Stubenarrest! Und das für mehrere Tage. Für diese freiheitsliebenden Kinder, die weder Wind noch Regen fürchteten, eine sehr harte Strafe. Aber sie war ihnen eine gute Lehre: Um den renovierten Kinderwagen mit der aufmontierten Persilkiste machten die beiden stets einen weiten Bogen.

Der Emerbauer sah die Sache gelassener. Seiner Meinung nach war ja eigentlich nichts weiter passiert. Zu seiner Frau gewandt sagte er: »Die Geschichte mit dem Storch, die du den Kindern immer erzählst, ist vielleicht doch nicht das Richtige.«

Über das kleine Mädchen freuten sich die Emerleute sehr, würde es doch später für die Mutter eine willkommene Hilfe sein, während die Buben stets nur deren Fürsorge beanspruchten. »Und allweil muss man s' im Aug habn, die Buben, weil man nie weiß, was sie jetzt wieder anstellen«, meinte etwas sorgenvoll die Mutter.

Dabei musste ich an Genoveva, die Hausiererin, denken. Die wusste zu berichten, dass die Balserin drüben es als Ungerechtigkeit ansehe, wenn die Emerin gleich vier Buben bekam, während sie selbst, wo sie doch die weitaus größere Bäuerin sei, nur ein Dirndl hätte, das, wie die Genoveva zu wissen glaubte, obendrein noch schwach und blass sei und so mager, dass man ihr jede Rippe zählen konnte. »Ja, ja«, philosophierte die Hausiererin, »der Herrgott macht's schon recht und Hoffart kommt vor den Fall und der Geiz auch«, weil die Balserin ihr, außer ein paar Schuhbandl, nie etwas abkaufte, obwohl sie so reich sei und die Genoveva selbst als Hausiererin eine arme Fretterin sei, die eh nix zum Lachen habe auf dieser Welt.

Nach dem zehnten Tag hatte ich meine Arbeit bei der Emerbäuerin und der kleinen Margarete abgeschlossen und so verließ ich diese Familie, die mir durch ein so ungewöhnliches Erlebnis in Erinnerung geblieben ist.

Viel später führte mich mein Weg wieder am Emerhof vorbei. Da wurde in mir die Erinnerung an die kleine Margarete wach, deren Brüder sie als Eindringling empfanden und sie am Ufer des Weihers dem Storch zurückbringen wollten. Drüben am Waldrand sah ich den alten Emerbauern auf einer Decke ruhen, seinen grünen Samthut im Gesicht und neben ihm ein weißes Bündel. Diesesmal war es nicht der kleine Seppi, den er hütete, nun war die kleine Margarete an der Reihe, die er im Leiterwagen, die Milchflasche mit Malzkaffee im Gepäck, in den nahen Wald führte. Eine Idylle, der man sich nicht entziehen kann und die es heute nicht mehr gibt.

Trotz der Vorkommnisse sind sie mir in guter Erinnerung geblieben, der Emerhof und seine Menschen, die sich in ihrer Abgeschiedenheit und trotz der harten Lebensumstände ihre Würde bewahrt haben.

Wenn nur das Kind gesund ist

Die fünfziger und sechziger Jahre brachten die Wende in der Geburtshilfe. Hausgeburten wurden immer seltener, die Geburt im Krankenhaus war im Kommen. Die Frauen wollten modern sein, fortschrittlich, auch auf dem Gebiet der Gesundheit. Und eine Geburt mit verringerten, wenn nicht ganz ohne Schmerzen, wer möchte das nicht? Mit gemischten Gefühlen habe ich diese Entwicklung verfolgt.

Viele Mütter begrüßten die neuen Errungenschaften und zogen die Geburt im Krankenhaus einer Hausgeburt mit ihren Risiken und Belastungen vor. Man fand dies angenehm, zumal die Krankenkassen dieser Neuerung entgegenkamen, indem sie die Kosten übernahmen.

Unser Nachbarort Waldkraiburg auf der anderen Seite des Inns ursprünglich eine Ansammlung von Bunkern und Baracken aus dem Zweiten Weltkrieg, hatte sich zu einem beachtlichen Industriezentrum mit wachsender Bevölkerung entwickelt.

Für mich hieß es, mich anzupassen. Nicht nur, was den Klinikbetrieb anging. Ich begegnete anderen Menschen mit anderer Mentalität, anderen Lebensbedingungen. War ich bisher fast ausschließlich in bäuerlichen Kreisen tätig gewesen, deren Gepflogenheiten ich bis ins Kleinste kannte, so musste ich mich nun mit der Lebensart von gehobenen Kreisen, aber auch von Arbeitern und ausländischen Mitbürgern auseinander setzen.

Nach einem langen Winter war es Frühling geworden. Ein warmer Südwind fegte die letzten Schneereste von Wiesen und Feldern und in den Gärten blühten Anemonen und Schneeglöckchen zur Freude der Menschen nach trüben Wintertagen.

An einem dieser ersten Frühlingstage bat mich Frau Friedemann um ihren Besuch. Ich betrat ein gepflegtes Haus am Rande der Stadt, dessen Vorgarten übersät war mit Narzissen und Krokussen, die in allen Farben leuchteten. Ich war wie verzaubert von dieser Pracht und überlegte, welchen Menschen ich wohl gegenüberstehen würde, die so viel Sinn für Schönheit hatten.

Eine überaus gepflegte Dame begrüßte mich mit einem festen Händedruck und bat mich ins Haus. Sichtlich erfreut über meinen Besuch kam sie auch bald zur Sache, die es zu besprechen gab. Sie sei 32 Jahre alt und es sei ihre erste Schwangerschaft. Die Freude darüber sei verständlicherweise groß. Es gebe keine besonderen Beschwerden, wenn man von den gelegentlichen Schlafstörungen absehe und der inneren Unruhe, die sie häufig verspüre. Mit warmer, angenehmer Stimme sprach sie weiter. »Da hat mir der

Arzt ein Mittel gegen diese Beschwerden verordnet, das ich nun regelmäßig nehme. Ich bin tatsächlich ruhiger, ausgeglichener geworden.«

Ein außerordentlicher Erfolg, so glaubte sie.

Ich war nicht so sicher, ob Beruhigungsmittel in der Schwangerschaft das Optimale sind. Als ich ihr sagte, dass sie die Dosis verringern und das Medikament vielleicht ganz absetzen könne, wenn sie jeden Tag einen längeren Spaziergang in der frischen Luft mache, versprach sie mir das zu tun. Noch einmal versicherte sie mir, dass sie dieses Kind mit ganz besonderer Freude erwarte, wo sie sich doch jahrelang so danach gesehnt habe, Mutter zu werden. Sie werde für dieses Kind alles tun, was seiner Gesundheit zugute komme.

Bevor ich mich zum Gehen wandte, bat mich Frau Friedemann das Kinderzimmer zu besichtigen, ob es noch etwas zu verändern oder zu ergänzen gebe. Hier war in jedem Detail die Liebe zu diesem Kind zu erkennen. Mit wie viel Sinn für Form und Farbe alles eingerichtet war! Nicht nur das Kinderzimmer, das ganze Heim trug die Handschrift dieser Frau, die als Graphikerin in Künstlerkreisen einen Namen hatte. Ihr Mann, Dr. Friedemann, Jurist, war ein gefragter Anwalt, der mit verhaltener Freude, aber auch gewisser Sorge auf dieses Kind wartete.

Eine andere Welt, wenn ich an meine Landfrauen denke, die keine Zeit hatten sich um die Schwangerschaft zu kümmern, die selten genug auch nur das Notwendigste vorbereitet hatten und eine Geburt am ehesten als eine nicht vermeidbare Unterbrechung ihres riesigen Arbeitspensums ansahen. Die Pflege des Kleinkindes ging nebenher, zwischendurch und sonst zogen sich die Kinder gegenseitig groß, wobei die Großen die kleineren Geschwister meist als lästiges Anhängsel betrachteten.

Noch einige Male besuchte ich Frau Friedemann, die in ständiger Erwartung der ersten Wehen war.

»Dieses Warten ist zermürbend«, meinte sie etwas ungeduldig. »Obwohl alles in Ordnung ist?«, fragte sie immer wieder in ängstlichem Ton.

Ich entgegnete, dass diese Sorge sicher grundlos sei und das ungeduldige Warten verständlich, weil alle ihre Gedanken auf das Kind ausgerichtet seien. Aber dem seien diese Gefühle der Mutter gleichgültig, es komme, wenn die Zeit dafür reif sei.

Die Gespräche mit mir, so versicherte mir Frau Friedemann, seien tröstend, sie bauten ihre Angst ab und sie sehe dann alles gelassener.

Dann endlich, nach langem, nervösen Warten, war es so weit. Gegen Abend kam der Ruf aus dem Krankenhaus, Frau Friedemann sei soeben dort eingetroffen, mein Kommen sei möglichst gleich erwünscht.

Eine weinende werdende Mutter und ein übernervöser Ehemann erwarteten mich. Auf meine Frage, ob es Probleme gebe, wussten beide keine Antwort.

Ich war geneigt, in dem werdenden Vater den

Grund des Übels zu sehen. Er durchmaß mit langen Schritten den Raum, Schweißperlen im Gesicht und Angst in den Augen.

Als ich meinte, es wäre sinnvoller, wenn er sich setzte und in Ruhe das Geschehen abwartete, nahm er für einen kurzen Augenblick auf einem Stuhl Platz um seine wippenden Schuhspitzen zu studieren und begann anschließend seine Wanderung erneut. Sein ständiges Ziehen an der Krawatte, als sei sie zu eng, war deutliches Zeichen seiner Nervosität, die natürlich keineswegs zur Entspannung der werdenden Mutter beitrug.

Wir kamen überein, dass es unter den gegebenen Umständen besser sei, wenn er die Geburt zu Hause abwartete und mich mit der werdenden Mutter allein ließ; denn sein Verhalten vermittelte statt Geborgenheit und seelischer Hilfe nur Unsicherheit und Angst.

Wie man sehen konnte, war der werdende Vater mit diesem Vorschlag sehr einverstanden. Jedenfalls verließ er, wie mir schien, fast ein bisschen übereilt das Krankenhaus.

Die erste Untersuchung des zuständigen Arztes ergab normale Befunde, die Geburt würde, soweit man das voraussehen konnte, einen guten Verlauf nehmen. Eine beruhigende Diagnose. Aber nicht alle Abläufe sind in der Geburtshilfe vorauszusehen, das sollte sich auch in unserem Fall bewahrheiten.

Nun war ich mit der werdenden Mutter allein. Ruhig und entspannt folgte sie meinen Anweisungen. Stunde um Stunde verging, die Geburt machte langsame Fortschritte. In unseren Gesprächen ging es hauptsächlich um das Kind, um das sich die Gebärende sorgte, ob es auch gesund und mit keiner Behinderung belastet sei, weil man des Öfteren höre, dass so etwas bei etwas älteren Müttern nicht gänzlich auszuschließen sei. Sie erzählte mir, dass sie alle erreichbare Literatur, die mit Geburt und Kinderpflege zusammenhing, gelesen habe, darunter auch über Behinderungen und Krankheiten der Kinder. Dies schien sich nun in den Stunden des Wartens, der Schmerzen auf eine sehr unangenehme Weise auszuwirken. Immer wieder versuchte ich sie abzulenken, erzählte von erfreulichen Dingen aus meinem Berufsleben und sagte ihr, dass Behinderungen doch seltene Einzelfälle seien. Sie solle sich mit guten, positiven Gedanken beschäftigen. Doch immer wieder kam sie auf ihr Thema zurück, voller Angst und Unsicherheit.

Heute, nach langen Jahren, denke ich immer noch oft an diese Stunden zurück, an die Sorgen einer Mutter, die gefühlsmäßig wusste, was mit der Geburt ihres Kindes auf sie zukam.

Längst war der neue Tag angebrochen, draußen graute der Morgen, als die Geburt ihrem Ende zuging. Mit sehr viel Geduld verarbeitete Frau Friedemann die letzten Wehen. Sie wollte keine schmerzlindernden Mittel, anders als bei den Beschwerden in der Schwangerschaft, die sie mit Medikamenten bekämpft hatte. »Ich ertrage alles, wenn nur das Kind gesund ist«, erklärte sie immer wieder.

Diese ständige Angst erschien mir ungewöhnlich, ich führte sie aber auf die Lektüre dieser negativen Berichte in ihren Büchern und Zeitschriften zurück.

Inzwischen war auch Dr. Preising, der zuständige Arzt, gekommen, der auf die Ängste der Gebärenden recht ungeduldig reagierte.

Endlich kam, unter einem Schwall Fruchtwasser und mit der letzten Wehe, dieses Kind, das so sehr ersehnt und mit so viel Liebe erwartet worden war, auf die Welt. Mir stand der Atem still, als ich es als Erste sah, dieses arme Wesen, das mit doppelter Hasenscharte, also einer extrem gespaltenen Oberlippe, außerdem mit einem ausgeprägten Wolfsrachen und platter Nase, die als solche kaum zu erkennen war, geboren wurde. Es war furchtbar. Wie sollte man dieser Mutter eine solche Tragödie erklären, ihr, der Ästhetin, deren Leben nur auf schöne Dinge ausgerichtet war? Solch einem Menschen ein schwer missgebildetes Kind in die Arme zu legen, das geht über die Kraft, das ist etwas vom Schwersten.

Da hörte ich schon die Frage: »Ist es gesund?«

Ich musste mich erst einen Augenblick lang besinnen um die richtige Antwort zu finden. »Es ist ein Mädchen«, sagte ich, »aber es muss vorerst mit einer Hasenscharte leben, bis diese operativ reguliert werden kann.«

Frau Friedemann blieb stumm und ihre erschreckten Augen, als sie zitternd meine Hand hielt, sehe ich heute noch.

»Wollen Sie die Kleine sehen?«, fragte ich.

Sie nickte stumm.

»Ich werde sie erst baden, ihre langen Härchen frisieren und dann bringe ich sie Ihnen.«

Ich sagte dies um etwas Zeit zu gewinnen, um sie nicht unmittelbar nach der Geburt diesem Schock auszusetzen.

Während Dr. Preising sich um die Mutter kümmerte, versorgte ich das Kind. Nun erst sah ich das ganze Ausmaß der furchtbaren Entstellung. Jeden anderen missgebildeten Körperteil kann man aus Barmherzigkeit zudecken um ihn nicht auf Anhieb den Blicken anderer auszusetzen. Doch das Gesicht, denjenigen Teil eines Menschen, den man auf den ersten Blick aufnimmt, kann man nicht unsichtbar machen. Hier half kein mitleidiges Verbergen. Ich musste dieser Mutter das Kind zeigen, so wie es war, musste sie einer grausamen Wirklichkeit aussetzen. Es war ein kurzer, aber schwerer Weg, den ich nun zu gehen hatte, er kostete viel Kraft. Sekundenlang hielt ich das kleine Mädchen, am Bett der Mutter stehend, in meinem Arm, in der Hoffnung, sie würde die Hände nach ihm ausstrecken. Aber nichts geschah. Sorgfältig legte ich das Kind auf die Bettdecke, ich musste es ihr zeigen; denn sie, die Mutter, würde sich später um ihr Kind annehmen müssen, auch wenn es missgebildet war.

Der erste Anblick muss wie ein Schock auf Frau Friedemann gewirkt haben. Ihr Gesicht war wie versteinert, ihre Hände zitterten, als sie das Händchen des Kindes ergriff, das seinerseits einen Finger seiner Mutter festhielt.

»Mein Gott«, diese beiden Worte, die Frau Friedemannn leise aussprach, standen im Raum, sonst war es beängstigend still. Und wieder einmal verwünschte ich meinen Beruf, der einem so schwere Bürden auferlegen kann, der die Schicksale der Mitmenschen zu den eigenen macht.

Ich blieb den Vormittag bei der Wöchnerin um sie nicht allein zu lassen; denn auf beruhigende Mittel sprach sie kaum an. Mit ihren Gedanken war sie bei ihrem Kind, das trotz seiner Missbildung ihr Kind war, das sie imstande sein würde zu lieben; denn Mutterliebe ist ohne Vorurteile, selbstlos, allumfassend. Sie würde den schweren Weg ihres Kindes, mit den zahllosen Operationen, der Ablehnung durch die Mitmenschen, mitgehen, beschützend, sorgend. Ihre Stärke würde dem Kind Halt geben, es trösten und ermuntern, damit es den schweren Weg gehen kann, den es gehen muss um bestehen zu können.

In der Zwischenzeit kam auch der Kindsvater in Begleitung von Dr. Preising auf die Station um Frau und Kind zu besuchen. Dieses Mal blieb es mir erspart, noch einmal eine so furchtbare Botschaft zu überbringen. Dr. Preising tat es für mich, mit guten, einfühlsamen Worten offenbar; denn Dr. Friedemann trat gefasst an das Bett seiner Frau, streichelte tröstend ihre Hände, sprach leise zu ihr.

Doch als er das Kinderzimmer betrat um seine Tochter zu sehen, schien er beim Anblick des schlafenden Kindes seine Haltung zu verlieren. »Das ist mein, unser Kind? Missgebildet! Wie soll man damit fertig werden? Das ist schrecklich.« Diese Worte ließen die große seelische Not des Vaters erkennen.

Kurz darauf kam noch einmal ein schwerer, enttäuschender Tag auf Frau Friedemann zu. Professor Martini, als ihr früherer Lehrer, stand in freundschaftlicher Beziehung zu ihrer Familie. Er hatte sich schon vor Monaten als Pate für das Kind angeboten, das sie erwartete, und nun, da Gabriele getauft werden sollte, kam man auf sein Angebot zurück. Doch als er von dem schwer entstellten Kind erfuhr, zog er seine Zusage zurück, verzichtete mit fadenscheiniger Begründung auf dieses Ehrenamt. Frau Friedemann war zutiefst enttäuscht, aber auch das nahm sie als unabänderlich hin.

Ich habe die kleine Gabriele und ihre Familie im Auge behalten, weil mich das Schicksal dieses Kindes ganz besonders bewegte.

Gabriele blieb nicht die Einzige. Nach einigen Jahren kam, unerwartet, unverhofft, ihr Bruder Ingo dazu, dem das Schicksal gnädiger war. An einem ersten Weihnachtsfeiertag konnte ich dieser schwer geprüften Mutter einen prächtigen, gesunden Buben in die Arme legen. Ich tat es mit besonderer Freude, denn nun würde Gabrieles Schicksal ein wenig in den Hintergrund treten. Der kleine Ingo strahlte später sehr viel Lebensfreude aus und war seiner behinderten Schwester überaus zugetan.

Es waren viele Operationen, denen sich Gabriele unterziehen musste. Sie tat es ohne zu klagen. Verschiedene Ärzte in mehreren Kliniken versuchten kosmetische Eingriffe um ihr Aussehen zu verbessern, nicht immer mit dem gewünschten Erfolg. Dr. Preising sprach in einigen Fällen sogar von Pfusch. Immer wieder wurden Änderungen, Nachoperationen notwendig, weil das Resultat unbefriedigend war.

Dann hörte man von einem amerikanischen Arzt, der auf diesem Gebiet als Kapazität angesehen wurde.

Gabrieles Eltern scheuten weder Zeit noch Geld um ihrem Kind zu einem normalen Aussehen zu verhelfen. Noch einmal musste sich das Mädchen zwei Operationen unterziehen. Die zahllosen Narben glätteten sich im Laufe der Zeit, Gabriele sah nun tatsächlich nicht mehr entstellt aus und brauchte sich in der Schule nicht mehr als Außenseiter fühlen. Ihrer hohen Intelligenz war es zu verdanken, dass sie ein glänzendes Abitur machte und das anschließende Studium mit der Bestnote abschloss.

In den sechzigerer Jahren wurde ich gehäuft mit missgebildeten Kindern konfrontiert. Meist waren die Extremitäten betroffen, die entweder ganz oder teilweise fehlten oder verkrüppelt waren. Für diese schweren Behinderungen wurde ein Beruhigungsmittel verantwortlich gemacht, welches die Ärzte bei Unruhe oder Nervosität häufig verordnet hatten und das als sehr erfolgreich galt, solange die Nebenwirkungen nicht bekannt waren.

Auch im vorliegenden Fall war dieses Medikament in der Schwangerschaft verordnet und eingenommen worden. Es blieb aber offen, ob auch Missbildungen im Bereich des Gesichtes diesem Mittel zuzuschreiben waren. In Gabrieles Fall ging man dieser Frage nicht nach. Was hätte auch eine noch so hohe Entschädigung an Gabrieles harter Kindheit geändert?

Ich will dieses Kind nicht

An manchen Tagen denke ich viel an die Jahre nach dem Zweiten Weltkrieg, in denen die Welt, wie es schien, aus den Fugen war. Begebenheiten, die ich glaubte vergessen zu haben, werden in meiner Erinnerung wieder so lebendig, als wären sie erst gestern geschehen.

Die Besatzungsmächte kontrollierten und bestimmten die Geschicke der Menschen und des öffentlichen Lebens und damit unser Wohl und Wehe.

Wurden die Lebensmittelmarken wieder einmal reduziert, so murrte man, aber schließlich fügte man sich ins Unabänderliche, mit noch weniger Lebensmitteln auskommen zu müssen, weil es keinen anderen Ausweg gab.

Diese Zeit hat ihre Spuren hinterlassen. Nicht nur in Unterernährung und den daraus resultierenden Krankheiten, unter deren Folgen die Menschen oft noch lange litten – nicht wenige gingen daran zugrunde. Aber auch neues Leben brachte in dieser Zeit statt Freude häufig Kummer, etwa wenn ein unerwünschtes »Besatzungskind« geboren wurde. Ein Schicksal, das diese Kinder häufig lebenslang geprägt hat.

Die nachstehende Geschichte berichtet von einer schicksalhaften Begegnung, von Schuldzuweisung, von Moral und Unrecht, von einem heimatlosen Kind in einer verworrenen Zeit.

Ein warmer Herbsttag ließ noch einmal die Schönheit der Natur in allen Farben leuchten. Das Leben schien sich wieder langsam zu normalisieren. Die D-Mark war nun Zahlungsmittel und man hoffte, wenn auch das Ersparte verloren gegangen und die amerikanische Besatzungsmacht immer noch präsent war, auf bessere Zeiten.

Ich traf Frau Grandauer, die freudestrahlend auf mich zukam um mir die allerletzte Neuigkeit zu erzählen, dass ihr Mann gestern aus langer französischer Kriegsgefangenschaft heimgekommen sei und dass die beiderseitige Freude verständlicherweise groß sei.

Nach einigen Monaten gab es erneut erfreuliche Nachrichten: Die beiden erwarteten ein Kind und besonders der angehende Vater war schon jetzt voller Begeisterung.

Lange Zeit hörte ich nichts mehr von Frau Grandauer und ihrer Familie, bis ich eines Tages zu ihr gebeten wurde. Es gebe Probleme in der Schwangerschaft, sagte sie, und sie wisse nicht, wie sie sich verhalten solle.

Ich fand eine von Wehen geplagte werdende Mutter vor, die nicht verstehen konnte, dass es zu einer Frühgeburt kommen solle, wo sie doch keinerlei körperliche Belastungen gehabt habe.

Meiner äußeren Untersuchung nach zu urteilen war keine Frühgeburt zu erwarten, sondern ein reifes Kind, das, wie es schien, termingerecht kommen würde. Auf meine Frage, wann sie nach ihrer Berechnung die Geburt erwartet hätte, antwortete sie: »In etwa sieben oder acht Wochen. Und Sie glauben«, fuhr sie fort, »es kommt nicht zu früh?«

»Warten wir ab«, meinte ich, »ich kann mich auch irren.«

»Ja, das meine ich auch, Sie irren sich«, sagte sie hastig. »Es kommt zu früh, mit Sicherheit zu früh.«

Den massiven Wehen nach zu schließen war die Geburt in vollem Gange. Das Kind ließ sich nicht mehr aufhalten, schien es eilig zu haben, auf diese Welt zu kommen. Ich musste mit den Vorbereitungen beginnen.

Der angehende Vater, sichtlich nervös, hatte Sorge, als er fragte: »Wird das Kind am Leben bleiben, wenn es zu früh geboren wird?«

»Ja«, antwortete ich, »man kann heute viel unternehmen ein zu früh geborenes Kind am Leben zu erhalten. Wir werden alles dafür tun, damit es weiterleben kann.«

Sichtlich beruhigt ging er mir zur Hand, holte alles Notwendige herbei, fragte mich des Öfteren, ob alles seine Ordnung habe, sowohl bei der Mutter als auch beim Kind, und bekannte, wie froh er sei, wenn alles gut überstanden sei. Sein Gesicht war nicht nur von Sorge gezeichnet, die lange Kriegsgefangenschaft hatte ebenfalls ihre Spuren hinterlassen.

Die werdende Mutter, von einer unbestimmten Unruhe getrieben, fand auch in der Wehenpause keine Entspannung. Ein ständiger Platzwechsel, ein Aufstehen, ein Hinlegen, unentwegte Aktivität, all das war keine gute Voraussetzung für den Geburtsvorgang. Meine Ermahnung zur Ruhe, zur richtigen Atmung nahm sie kaum wahr. Ihre Hektik blieb ungebrochen. Schweißtriefend, völlig entnervt, ließ sie sich auf ihr Bett fallen um zu resignieren und zu weinen.

Da Tränen in dieser Lage nicht ganz ungewöhnlich sind, beruhigte ich Frau Grandauer und sagte ihr, dass sie sich nun auf den Geburtsvorgang konzentrieren solle, das sei zum Nutzen von Mutter und Kind. Tränen könnten zwar heilsam sein, aber unter diesen Umständen seien sie nicht gerade erwünscht.

Mit ihren großen Augen sah sie mich stumm an und nach einer Weile sagte sie, nur für mich hörbar: »Ich will dieses Kind nicht.«

Doch dieses ließ sich nicht aufhalten in seinem Drängen nach draußen. Mit jeder Stunde kam es seinem Ziel, einem eigenständigen Leben, näher.

Es schlug Mitternacht, als sich ein gut ausgetragenes, reifes Kind mit einem lauten Schrei zum Leben meldete. Bei 3700 Gramm Gewicht, einer Körperlänge von 51 Zentimetern sowie kräftigen Bewegungen von Armen und Beinen konnte von Frühgeburt keine Rede sein. Im angewärmten Bettchen schien es sich wohl zu fühlen, während ich die Geburt der Plazenta abwartete, bevor ich das Bad des Kindes vorbereitete.

»Ist es ein Mädchen?«, kam die Frage der Mutter.

»Nein«, gab ich zur Antwort, »es ist ein Bub und er ist gesund.«

Die Frage nach der Frühgeburt wurde nicht gestellt. Beklemmendes Schweigen breitete sich im Raum aus, als ich das Kind zu baden begann. Herr Grandauer beobachtete meine Arbeit aufmerksam und ein gewisses Misstrauen stand in seinem Gesicht. Die rote, ein wenig ins Braune übergehende Hautfarbe des Kindes, der Ansatz schwarzer, lockiger Haare, all das schien ihm nicht zu gefallen. Sein Blick fiel auf den Genitalbereich, dessen schwarze Farbe, die bei einem männlichen Kind besonders ausgeprägt ist, über Rasse oder Abstammung Auskunft gibt.

Es war zweifelsfrei, dieses Kind hatte einen farbigen Vater, der von der Existenz seines Sohnes vermutlich keine Ahnung hatte und vielleicht schon in die Staaten zurückgekehrt war. Herr Grandauer, der sich mit besonderer Liebe um das Ungeborene gesorgt hatte, hatte es jedenfalls nicht gezeugt. Er musste sich mit dieser Tatsache, so schmerzlich sie war, auseinander setzen, irgendwann eine Entscheidung treffen, die vorerst noch offen war. Ich spürte, wie seine Gedanken zu arbeiten begannen, wie sein Gesicht sich in Farbe und Ausdruck veränderte.

Da hörte ich seine Stimme, laut und hart: »Das ist nicht mein Kind! Das ist ein Fremdkörper, ein Kuckucksei! Ein Kuckucksei«, wiederholte er. Dann trat er ganz nahe an das Bett seiner Frau und sagte gefährlich leise: »Du wolltest mir diesen Bastard unterschieben, du hast mich glauben lassen, es sei mein Kind, das du erwartetest. Wie gemein! Du hast mich belogen und betrogen, du, du ... Das ist ungeheuerlich!«, schrie er nun.

Die junge Mutter zuckte bei diesem Wutausbruch zusammen, ihre Augen wurden groß vor Angst.

Auch ich zog meine Schultern etwas höher bei dieser furchtbaren Anklage und gleichzeitig war ich in Sorge um die Wöchnerin, die unmittelbar nach der Geburt nicht mit so viel Aufregung belastet werden sollte.

Völlig erschöpft, mit hängenden Schultern, ließ sich Herr Grandauer schwer auf einen Stuhl fallen. Ein gebrochener Mann.

Ich versuchte ihn zu trösten und sagte ihm, dass seine Reaktion zwar verständlich sei, dass er aber auch die Argumente seiner Frau anhören müsse; dies solle er gerechterweise tun. Eine beiderseitige Aussprache werde zur richtigen Entscheidung führen, morgen bei Tageslicht, wenn sich nach ein paar Stunden Schlaf die angespannten Nerven beruhigt hätten.

Wir kamen überein, dass ich in das Gespräch am folgenden Tag mit einbezogen werden sollte; denn Herr Grandauer war der Meinung, dass ich als Außenstehende einen besseren Überblick über die verzwickte Lage hätte um zu einer für alle Beteiligten guten Lösung zu kommen.

Den Rest der Nacht verbrachte ich unruhig,

mit meinen Gedanken beschäftigt. Es war schwer zu verstehen, dass eine so liebenswerte Frau wie Frau Grandauer versucht hatte ihrem Ehemann ein fremdes Kind unterzuschieben. Aber wer kann schon in die menschliche Seele blicken, in das Auf und Ab der Gefühle, in die menschliche Unzulänglichkeit! Hier sind auch Psychologen gelegentlich überfordert.

Der kommende Tag brachte die notwendige Aussprache und damit die Entscheidung. Herr Grandauer war ruhiger, gelassener geworden, doch in seinem Gesicht zeichnete sich das gestrige Drama deutlich ab. Seine Frau, tief unglücklich über diese Entwicklung, begann mit ihrer Beichte, erst stockend, dann fließend, so, als ob sie sich von einer Last befreien möchte. Auf meine Frage, ob sie noch Verbindung zu dem Vater ihres Kindes hätte, antwortete sie mit einem festen »Nein«.

»Es war eine einzige Begegnung«, sprach sie weiter. »Ich habe dieses Kind unter Zwang und gegen meinen Willen empfangen, das ist die Wahrheit.« Zu ihrem Mann gewandt sagte sie in überzeugtem Ton: »Ich wusste nicht, dass ich schwanger war, als du heimgekommen bist.«

Tiefe Stille herrschte im Raum, als sie geendet hatte. Anklage oder Rechtfertigung? Wer könnte hier urteilen!

Herr Grandauer ging mit langen Schritten hin und her, als er auf dieses Bekenntnis antwortete: »Ich ertrage den Anblick dieses Kindes nicht, es muss aus dem Haus, wenn du willst, dass wir weiterhin zusammenleben. Du kannst dich entscheiden: das Kind oder ich. Das ist endgültig.«

Mit harter, eisiger Stimme wurden diese Sätze gesprochen und ich wünschte, ich hätte dieses Gespräch nicht miterleben müssen.

Die Frist zu einer so schicksalhaften Entscheidung war kurz, die Zeit drängte. Nach einer schlaflosen Nacht hatte Frau Grandauer ihren Entschluss gefasst.

Diese Mutter entschied sich, trotz der erwachenden Liebe zu dem Kind, für ihre Ehe. Damit konnte der kleine Bub keinen Platz an ihrer Seite haben, er war »illegal« und durch seine dunkle Hautfarbe als andersartig abgestempelt.

Ich bereitete alles Notwendige zur Adoption des Kindes vor und dann kam der Tag, an dem der kleine Stefan von seiner Mutter getrennt wurde, für immer.

Während Herr Grandauer überzeugt war recht gehandelt zu haben, wusste niemand, was im Inneren seiner Frau vorging. Schweigend verfolgte sie die Vorgänge mit. Nur in ihren Augen stand bitteres Leid.

Eine schwere Wochenbettpsychose bahnte sich an, sie musste ärztlich behandelt werden. Die zerrüttete Ehe, die Sehnsucht nach ihrem Kind, das trotz der anderen Hautfarbe ihr Kind war und dessen Schicksal sie nie erfahren würde, all das machte die Heilung schwierig und langwierig.

Im Nachhinein wäre noch zu sagen, dass sich das Opfer dieser Mutter nicht gelohnt hat. Die ständigen Vorwürfe ihres Mannes, der das Geschehene nicht vergessen wollte, kein Verzeihen kannte, sie bei jeder Gelegenheit daran erinnerte: »Vergiss nicht, was du mir angetan hast«, führten zu immer schwereren Auseinandersetzungen und schließlich zum endgültigen Bruch dieser Ehe, die, wie es schien, auf einem bröckeligen Fundament stand. Frau Grandauer hatte alles verloren, auch das schwerste Opfer, das sie zur Erhaltung ihrer Ehe gebracht hat, ist sinnlos gewesen.

Eine saubere Familie

Die letzte Adventswoche brachte Tauwetter. Die Schneemassen, die sich rechts und links der Straßen aufgetürmt hatten, kamen zum Schmelzen, sodass Straßen und Wege überflutet waren und ein Vorwärtskommen dadurch erheblich erschwert wurde.

In Waldkraiburg und Umgebung gab es nur Schotterstraßen, sodass sich Schlamm und Kies mit Schneematsch vermischten, was zu erheblichen Verkehrsbehinderungen führte.

Ich war auf dem Weg in das Steinlager zur Baracke Nummer 037, zu Frau Niederhofer. Nach mehreren Anläufen gelang es mir, den Steinbrunnerberg zu passieren, und nun war ich auf der Suche nach der besagten Baracke.

In diesen Notunterkünften wohnten die Minderbemittelten, die die Gesellschaft nicht aufnehmen wollte, die Ausgegrenzten. Hier tat sich alle Not der Nachkriegszeit auf, in diesen zugigen Unterkünften, die keine sanitären Anlagen kannten, wo das elektrische Licht häufig durch eine Kerze ersetzt werden musste, weil der Strom aus irgendwelchen Gründen abgeschaltet war. Kleinkinder und Säuglinge litten häufig an schweren Erkältungen, denn Holz und Kohle waren Mangelware und außerdem hielten die undichten Barackenwände Wind und Kälte nicht stand.

In dieser trostlosen Umgebung zeigten sich Charakter und Temperament der Menschen besonders deutlich. In stoischer Ruhe übten sich die einen, die vom Leben nichts mehr zu erwarten hatten und sich in das Unvermeidliche ergaben, andere waren durch die Trostlosigkeit der Lebensumstände dem Alkohol verfallen, wieder andere zeigten ihre Unzufriedenheit mit diesem Leben durch Aggressivität, die sich in Konflikten mit der Familie und den Bewohnern der benachbarten Baracken entlud. Polizei und Sanitäter waren hier häufig im Einsatz um zu schlichten und Verbände anzulegen. Der Barackenbereich war eine menschenunwürdige, trostlose Gegend, die ich immer mit etwas Unbehagen betrat.

Nun stand ich vor der gesuchten Baracke, die ich eben betreten wollte, als zwei Polizisten schimpfend aus der Tür kamen und hinter ihnen eine keifende, schreiende hochschwangere Frau, mit blutender Nase, aufgeplatzten Lippen und einem blauen Auge, das offenbar noch von einer früheren Schlägerei stammte. Es war die Frau, zu der ich gerufen worden war. Mit sich überschlagender Stimme schrie sie: »Ich lass mir des net nachsagn, dass mich mein Mann gschlagn hat. Des is' Rufschädigung, sag ich, und überhaupt geht des niemands was an, was in unsere vier Wänd' vorgeht. Verschwinds!«

Um ihren Worten Nachdruck zu verleihen warf sie eine leere Bierflasche nach den beiden

Beamten, die aber ihr Ziel verfehlte und im Schneematsch stecken blieb.

»Eine saubere Familie«, meinte einer der Herren. »Eine Strafe, durch diese Tür gehen zu müssen.«

Mit ein paar ungehörigen Worten schlug Frau Niederhofer die Tür vor meiner Nase zu und öffnete sie erst wieder, als ich energisch dagegenklopfte.

»Ach so, Sie sind auch noch da. In meiner Wut hab ich vergessen, dass ich ein Kind krieg«, setzte sie kleinlaut hinzu.

Doch die kräftige Wehe, die nun kam, holte sie in die Wirklichkeit zurück und machte ihr klar, dass sich dieses Kind in seinem Kommen nicht aufhalten ließ, trotz der Wut, die sie hatte und die sie vorerst nicht abbauen konnte, weil sie zu tief in das Glas geschaut hatte.

In der provisorischen Behausung bot sich mir ein Chaos dar, wie ich es noch selten gesehen hatte. Zerbrochene Gläser und zertrümmertes Geschirr, verstreute Zigarettenkippen, eine Menge leerer Bierflaschen, dazwischen ein demolierter Stuhl, der nur noch auf drei Beinen stand, zeugten von der Auseinandersetzung, die hier stattgefunden hatte.

»Waltraud«, schrie nun Frau Niederhofer, »hol den Besen und kehr die Scherben z'samm.«

In der Tür erschien ein etwa zehnjähriges blasses Mädchen, dessen Kleid an seinem mageren Körper schlotterte und in dessen verweinten, traurigen Augen alle Not seines jungen Lebens stand. Stumm tat sie, wie ihr geheißen wurde, und verließ dann still, wie sie gekommen war, den Raum.

Der Ehemann, total betrunken, war nicht ansprechbar. Er hockte hinten in der Ecke auf dem Boden und stierte vor sich hin. Ab und zu sah er mit seinen rot geränderten Augen auf, wenn er angesprochen wurde, um gleich wieder in sein Delirium zu fallen, das ihm die Vorgänge, die sich gerade um ihn herum abspielten, nicht bewusst werden ließ.

Es mag wohl auch der Alkohol, den Frau Niederhofer vor einer Stunde noch zu sich genommen hatte, schuld gewesen sein, dass sie den Wehenschmerz nicht annehmen wollte und das, was auf sie zukam, nicht einzuschätzen verstand. Statt sich ins Unvermeidliche zu fügen schrie und tobte sie.

»Warum muss grad ich so viel Kinder habn, wenn eh schon sieben da sind und jetzt noch eins dazu. Warum, Warum?«, schimpfte sie. »Sagen Sie es mir!«, wandte sie sich an mich.

»Ich kann Ihnen darauf keine Antwort geben«, sagte ich, »diese Frage müssen sie Ihrem Mann stellen.«

Böse Worte prasselten nun auf den Ehemann nieder, der in seiner Umnachtung aber keine Antwort gab und natürlich auch bei der Vorbereitung zur Geburt nicht zu gebrauchen war.

Ich musste mich nun zwangsläufig um so ziemlich alles kümmern. Es war nichts, absolut nichts für diese Stunde vorbereitet. Immerhin fand ich in einer Schublade die nötigste Wäsche für das Kind und ein paar Tücher als Unterlage für die Mutter.

Dann war es so weit: Ein gesunder Bub wurde in dieses Elend hineingeboren, mit Eltern, die sich gegenseitig schlugen, die keine rechte Beziehung zu ihren Kindern hatten, die sich mit den Unzulänglichkeiten des täglichen Lebens nicht auseinander setzen wollen, stattdessen ihre Sorgen in Alkohol ertränkten. Die Sozialhilfe, die gerade für das Existenzminimum gereicht hätte, wurde zum großen Teil in Zigaretten und Bier umgesetzt und so vergrößerte sich die Not, was in besonderem Maße die Kinder zu spüren bekamen.

Es war spät geworden, als ich kurz nach Mitternacht die Baracke 037 verlassen konnte. Nach der Versorgung von Mutter und Kind hatte ich die Aufräumungsarbeiten begonnen, die erhebliche Zeit in Anspruch nahmen; sie waren aber notwendig, damit man die Stube betreten konnte.

In den Tagen der Wochenbettbesuche wurde ich immer wieder Zeuge wüster Auseinandersetzungen zwischen den Ehepartnern, bei denen es hauptsächlich um Geld ging und um Zigaretten und Bier, die nicht im Hause waren. Das anfallende Wochengeld, das die Mutter für dringende Anschaffungen eingeplant hatte, hatte ihr Ehemann längst für sich verwendet, es wurde drüben in der Kneipe in Alkohol umgesetzt.

Ich vermittelte bei einer karitativen Stelle die

dringend notwendige Wäsche für das Neugeborene um es für die erste Zeit damit versorgen zu können.

Auch diese zehn Tage gingen zu Ende. Mit gemischten Gefühlen verabschiedete ich mich, einerseits froh die Baracke 037 verlassen zu können, andererseits in Sorge um die acht Kinder in äußerst ungesundem Milieu, allen voran um den kleinen Alexander als hilfloses Neugeborenes, das den alkoholkranken Eltern ausgeliefert war, die ihm nicht die nötige Stütze geben konnten. Ein ungewisses Schicksal stand ihm bevor. Vielleicht ein Heim; aber auch das würde ihm sicher keine Vorteile bringen, wenn er von Amts wegen von seinen Eltern getrennt würde.

Lange hörte ich nichts mehr von der Familie Niederhofer und dem kleinen Alexander.

Jahre vergingen. Inzwischen war der Aufbau Waldkraiburgs so weit fortgeschritten, dass es beschriftete Straßenzüge gab, die Baracken im Steinlager verschwanden allmählich und neue, gemauerte Häuser wurden errichtet, in denen es ein menschenwürdiges Wohnen auch für Minderbemittelte und Sozialhilfeempfänger gab.

Wieder einmal war ich auf der Suche nach einer bestimmten Straße und Hausnummer unterwegs. Die Bunkerkirche Christkönig war immer ein wichtiger Orientierungspunkt bei meiner Suche nach Gebäuden und Wegen in diesem Ort, der auf mich noch lange etwas anonym und ziemlich unübersichtlich wirkte.

Es war fünf Uhr früh. Waldkraiburg erwachte allmählich, in den Betrieben begann der Tag. Ich drückte die Klingel unter dem Namen »Niederhofer«. Woher kenne ich diesen Namen?, überlegte ich.

Doch als mir geöffnet wurde, stand ich vor Alexanders Mutter, Frau Niederhofer. Ich sah die Baracke 037 wieder deutlich vor mir, die chaotischen Zustände dort, den betrunkenen Ehemann und Familienvater, von dem ich keinen helfenden Handgriff erwarten konnte, und den kleinen Alexander, der in dieses Elend hineingeboren wurde. Was wird heute auf mich zukommen?, war mein Gedanke.

Doch Frau Niederhofer war alleine in einer sauberen Dreizimmerwohnung, die Kinder waren bei Bekannten untergebracht und Ehemann gab es keinen mehr; denn die Ehe war vor zwei Jahren geschieden worden. Nun kam ein weiteres Kind dazu, dessen Herkunft mir vorerst nicht klar war.

»Haben Sie wieder einen Partner?«, fragte ich um die Sachlage zu überblicken.

»Nein«, gab sie zur Antwort, »ich lebe allein mit meinen Kindern.«

Eine längere Pause folgte, ich stellte keine Fragen mehr. Kräftige Wehen kündeten die baldige Geburt an und ich breitete alles Nötige dazu vor. Saubere Wäsche, sowohl für das Kind als auch für die Mutter, waren schon ordentlich zurechtgelegt, es fehlte an nichts. Frau Niederhofer hatte ihr Leben, jetzt ohne Ehemann, völlig umgekrempelt und so ihre Situation in den Griff bekommen. Was oder wer war der Auslöser dieser radikalen Umstellung?

Als hätte Frau Niederhofer meine Gedanken erraten, sagte sie plötzlich: »Damals wollte mir das Amt meine Kinder wegnehmen und da bin ich wach geworden; denn nicht nur mein Mann, auch ich war selten ganz nüchtern. Ich sah plötzlich die schlimmen Zustände in diesem Behelfsheim, den alkoholkranken Mann, der mir statt Stütze eine Last war. Mir wurde aber auch klar, dass ich mitschuld an diesem Elend war. Ich schämte mich vor mir selbst. Nun trennte ich mich von meinem Mann; denn der wusste mit meinem Willen, eine Änderung dieses verkommenen Lebens herbeizuführen, nichts anzufangen. Statt mich in meinem Unternehmen zu unterstützen blockierte er es, machte alles, was ich tat, zunichte. Es kam zur Scheidung.«

Nach einer erneuten Wehe erzählte Frau Niederhofer weiter: »Sie werden das wohl nie verstehen, wenn ich Ihnen jetzt sage, dass dieses Kind von meinem geschiedenen Mann stammt. Immer wieder kam er, wollte mich und die Kinder zu ihm zurückholen. Er versuchte es mit Verzweiflung, mit Tränen, mit Bitten.«

Es entstand eine kurze Pause, bevor sie weitersprach: »Ja, und irgendwann ging er und ließ mir dieses Kind zurück.«

Eine tiefe Stille folgte diesen Worten. Es gab nichts mehr zu sagen, wir schwiegen beide.

Das kleine Mädchen, das nun geboren wurde,

war ein gesundes Kind, das, wie die Mutter meinte, seinem Bruder Alexander gleiche. Sie nahm es liebevoll in ihre Arme, deckte es fürsorglich zu, streichelte das kleine Köpfchen. Dieses Kind war angenommen, trotz allem, was geschehen war. Es würde im Kreis seiner Geschwister und unter der Pflege und Fürsorge seiner Mutter aufwachsen. Kein Heim der Welt könnte diesen Kindern auch nur annähernd solchen Schutz und solche Zuwendung geben.

In den kommenden Tagen meldete ich dem Standesamt offiziell, dass das uneheliche Kind der Frau Maria Niederhofer, geborene Hopf, am 14.5. in Waldkraiburg geboren worden sei und den Namen Maria Magdalena erhalten werde.

Als ich mich nach dem letzten Wochenbesuch von Frau Niederhofer verabschiedete, stellte sie mir noch eine Frage, die ihr offenbar sehr wichtig war: »Können Sie mich verstehen, dass ich für eine Nacht zu meinem Mann zurückgekehrt bin?«

Nach kurzer Überlegung antwortete ich: »Ich werde mir Mühe geben Sie zu verstehen und möchte Ihnen sagen, dass Sie allergrößten Respekt und Achtung verdienen, weil Sie zu sich selbst gefunden haben. Sie stehen nun mit beiden Beinen fest auf dem Boden und haben dadurch Ihren Kindern ein gutes Zuhause, eine Heimat gegeben. Alles andere tritt dagegen in den Hintergrund, ich möchte für Sie und die Kinder wünschen, dass es so bleibt.«

Frau Niederhofer hat ihrem Leben eine neue Richtung gegeben. Sie hat es aus eigener Kraft fertig gebracht, vom Alkohol loszukommen.

Ihr geschiedener Mann hat dagegen die Trennung nicht verkraftet und ist unheilbar dem Alkohol verfallen. Nach mehreren Entziehungskuren wurde er stets rückfällig und vegetiert mit seiner neuen Lebensgefährtin auf dem untersten sozialen Niveau dahin.

Eine Hebamme ist immer schuldig

An manchen Tagen scheint es, als sei die Welt nicht mehr in Ordnung. Widrige Umstände häufen sich, als würde einem das Schicksal das Leben absichtlich schwer machen. Professor Martius nannte solche Abläufe »die Duplizität der Fälle«.

Es war vier Uhr morgens, als ich zu einer Hausgeburt nach Waldkraiburg geholt wurde. Im dritten Stock eines Miethauses wohnte ein junges Ehepaar, das das erste Kind erwartete. Diese jungen Leute hatten ihr Leben nach den Lehren indischer Philosophen ausgerichtet. Joga und Meditation gehörten zu ihrem Tagesablauf, vegetarisches Essen sollte für ihr körperliches und geistiges Wohlbefinden sorgen.

Ich fand die werdende Mutter im Lotossitz meditierend am Fußboden vor. Bekleidet war sie nach indischer Sitte mit einem Sari, der über Kopf und Schulter geschlungen war. Ihre Füße waren bloß, ihr Blick in die Ferne gerichtet, bewegungslos wie eine Statue nahm sie weder ihre Umgebung noch mein Kommen wahr.

Der junge Mann beobachtete schweigend seine Frau, deren religiöse Übungen er zu kennen und zu tolerieren schien. Eine etwas ungewöhnliche Situation, wenn die Geburt eines Kindes bevorsteht.

Ich wusste im Augenblick nicht, wie ich mich verhalten sollte. Hier, in dieser Stille, störte jedes Wort, jeder Laut zerriss die Ruhe, die sich in diesem Raum ausgebreitet hatte. So wartete ich und schwieg und sah staunend auf diesen unbeweglichen Körper, der einer Statue glich.

Doch dann ging ein Ruck durch die Gestalt. Wie es schien, war es eine Wehe, die sie erwachen ließ. Wir waren in die Wirklichkeit zurückgekehrt und die werdende Mutter musste sich, wie jede Frau in ihrer Lage, mit den immer wiederkehrenden Wehen auseinander setzen. Sie kamen dann auch in rascher Folge und ein baldiges Eintreten der Geburt war zu erwarten.

Im Badezimmer war alles mit sehr viel Sorgfalt vorbereitet. Unsere Gespräche gingen um das Verhalten bei der Geburt, um die Entspannung und die Atmung während der Wehen.

Doch meine Belehrungen waren bei Frau Vogt überflüssig; eigentlich waren sie beinahe unpassend, denn diese werdende Mutter beherrschte ihren Körper in vorbildlicher Weise, perfekt. Man spürte, sie war mit der richtigen Atmung zum richtigen Zeitpunkt bestens vertraut. Sie konnte sich dank jahrelanger Übungen und durch Konzentration auf ihr Inneres so entspannen, dass sie die schmerzhaften Wehen nur vermindert wahrnahm. Ich war sehr beeindruckt.

Sie sprach leise, mit melodischer Stimme über ihr Kind, auf das sie sich freue, über ihre Ehe, das gegenseitige Verstehen, über ihren Seelenfrieden, den sie durch die Meditation und die indische Lehre gefunden habe.

Plötzlich kam sie auf ein anderes Thema mit der Frage: »Erlauben Sie, dass ich mit meinem Mann tanze?«

»Tanzen?«, wiederholte ich ungläubig; denn so etwas war mir in meinem Berufsleben noch nicht untergekommen. Ich glaubte nicht richtig gehört zu haben und zugleich fand ich meine Frage nicht besonders geistreich.

»Ja«, antwortete Frau Vogt, »tanzen.«

»Natürlich dürfen Sie tanzen, wenn sie das möchten und Ihnen danach zumute ist«, sagte ich ihr. Obwohl ich, jetzt zu diesem Zeitpunkt, keinen Sinn in dieser Tätigkeit sah. »Nur sollten Sie auf den Druck nach unten achten, den Sie unter Umständen zu spüren bekommen«, warnte ich.

Frau Vogt legte eine Platte auf, langsam, bedächtig, mit ruhigen Bewegungen. Unter den Klängen der Musik wiegten sich die beiden nun im Rhythmus der Melodie, so, als ob es selbstverständlich sei, den Geburtsverlauf im Tanzschritt zu verkürzen oder ihn völlig zu vergessen. Ich konnte nur zusehen und mich wundern über das ungewöhnliche Verhalten dieser werdenden Mutter. Zugleich überlegte ich: Was, wenn sich nun die Fruchtblase öffnet und unangenehme oder unvorhergesehene Dinge geschehen?

Doch dann sah ich, wie Frau Vogt in die Hocke ging, den Kopf auf den Knieen, den Sari tief in das Gesicht gezogen, in sich versunken.

Der Tanz war frühzeitig zu Ende, obwohl weiterhin Musik durch das Zimmer klang. Es kam, was ich befürchtet hatte: Das Fruchtwasser ergoss sich auf den Fußboden und breitete sich in mehreren Rinnsalen nach allen Seiten aus. Es war höchste Zeit, die werdende Mutter zu Bett zu bringen.

Aber nun begannen die Schwierigkeiten. Frau Vogt war nicht bereit aufzustehen. Sie blieb in ihrer Hockstellung wie festgenagelt und alle guten Worte und eindringliches Zureden blieben erfolglos.

»Ich möchte am Boden, auf der Erde, mein Kind zur Welt bringen, so wie es die Urvölker tun, hindern Sie mich nicht daran«, war ihr einziger Kommentar.

Welche Gründe sie für eine solche Art des Gebärens hatte, verschwieg sie. Es blieb ihr Geheimnis. Ich jedenfalls musste ihren Willen akzeptieren, so sehr er mir, schon aus hygienischer Sicht, widerstrebte. Wie sollte ich in dieser ungewöhnlichen Situation meiner Verantwortung gegenüber dem neugeborenen Kind und gleichzeitig den Vorstellungen der Eltern gerecht werden?

Das Einzige, was ich tun konnte, war, ein paar Tücher auf dem Boden auszubreiten, damit weder Mutter noch Kind mit den Keimen des Fußbodens in direkte Berührung kamen. Selbst das war schwierig genug; denn Frau Vogt verharrte in ihrer Hockstellung ohne sich zu bewegen, geschweige denn aufzustehen. Meine eindringliche Ermahnung sich helfen zu lassen, was doch eine wesentliche Erleichterung für sie gewesen wäre, überhörte sie.

Trotz des massiven Protestes wagte ich das zu tun, was ich tun musste. Auf meinen Fersen sitzend hob ich ihren Sari zur Seite, fasste nach dem Köpfchen des Kindes und ließ es vorsichtig auf die Tücher gleiten. Ein gesundes Mädchen schrie laut und kräftig. Auch als ich es der Mutter in den Arm legte, verharrte diese weiterhin in Hockstellung. Mit der Durchtrennung der Nabelschnur vollzog sich die Abtrennung des Kindes von seiner bisherigen biologischen Einheit mit der Mutter.

Die Geburt war bis jetzt zwar ungewöhnlich, aber ohne Komplikationen verlaufen. Es hatte keine Schwierigkeiten gegeben, wenn man von den Eigenheiten der jungen Mutter absah. Nun hoffte ich, dass auch die Nachgeburtsperiode gut verlaufen würde. Doch die Plazenta ließ auf sich warten, ein Zustand, der mich immer etwas beunruhigte; denn häufig treten nach einer langen Wartezeit Blutungen auf und eine manuelle Ablösung ist nicht mehr zu umgehen.

Frau Vogt war immer noch nicht bereit sich aus ihrer Hockstellung zu erheben. Ich hätte sicher dazu beitragen können, diese Wartezeit zu verkürzen und mit ein paar geübten Griffen die Plazenta herzuholen. Doch die junge Mutter beharrte auf ihrem Nein, aus Gründen, die nur sie kannte. So versorgte ich nun erst das Kind und brachte es in das angewärmte Bettchen um mich dann um die Mutter kümmern zu können.

Da hörte ich hinter mir klirrende, schleppende Schritte, die ich nicht deuten konnte. Frau Vogt hatte sich aus der Hockstellung erhoben und ging durch das Zimmer. Dabei zog sie die Nabelschnur hinter sich her, die an deren Ende befestigte Klemme klapperte bei jedem Schritt. Tänzelnd steuerte sie auf den Plattenspieler zu. ›Sie wird doch nicht noch einmal tanzen wollen‹, überlegte ich nervös.

Schon war sie im Begriff eine Platte aufzulegen, als ihr Ehemann auf sie zuging und sie mit strengen Worten von ihrem Vorhaben abhielt: »Jetzt reicht es mir. Ab jetzt wirst du dich an die Anweisungen der Hebamme halten. Das ist mein letztes Wort. Und nun ab ins Bett. Ich habe von deinen Allüren genug.«

Auch meine Geduld war erschöpft, nur war mir der Kindsvater mit seiner Zurechtweisung zuvorgekommen und ich war froh darüber.

Als auch die Nachgeburtsperiode glücklich beendet war, sprach ich die junge Mutter auf ihr Verhalten an und fragte: »Warum haben Sie uns allen so viele Schwierigkeiten gemacht? Es wäre alles wesentlich einfacher gewesen, wenn Sie sich von mir hätten helfen lassen; denn dafür bin ich zu Ihnen gekommen.«

»Ich weiß, ich weiß«, antwortete sie, »aber mein Verhalten hängt mit meiner Lebenseinstellung zusammen, ich kann nicht anders. Doch verspreche ich Ihnen, dass ich beim nächsten Mal an Ihre Worte denke.«

Bei Frau Vogt gab es jedoch kein »nächstes

Mal«. Die kleine Isolde blieb das einzige Kind dieser Familie.

Erst im Nachhinein spürte ich, wie viel Kraft mich diese Geburtshilfe gekostet hatte. Es war nicht die körperliche Anstrengung, vielmehr die psychische Belastung beim Gedanken an die Verantwortung, die ich zu tragen hatte.

Stets brachte es mich in schwere innere Konflikte, wenn sich Pflicht und Verantwortung nicht mit den Eigenheiten, oft mit der Besserwisserei, der Wöchnerin und ihrer Familie vereinbaren ließen, wenn Aberglaube und uralte Überlieferungen die Lebensabläufe bestimmten und von Groß- und Schwiegermüttern zu hören war: »Früher war das anders.« Viel besser, schöner, praktischer, anders eben.

Dieser Tag, von dem ich schon eingangs gesagt habe, dass er mir geradezu wie verhext vorkam, war damit noch lange nicht zu Ende. Die Widerwärtigkeiten kamen jetzt wahrlich faustdick auf mich zu.

Eine Zwillingsgeburt im Krankenhaus wurde mir gemeldet. Es sei eilig, hieß es. Eine mir unbekannte Frau Arendt wartete mit sichtlicher Ungeduld und Nervosität auf mein Kommen. Nach meinen ersten routinemäßigen Fragen kamen wir aber in ein gutes Gespräch und ich konnte die Angst, die jede Mutter in diesen Stunden befällt und die einen natürlichen Grund hat, durch beruhigende Worte dämpfen. Es war ein guter Beginn. Die Geburt der Zwillinge würde einen normalen Verlauf nehmen, soweit man das voraussehen konnte; auch wenn eines der Kinder in Steißlage geboren würde, wie es bei Zwillingen häufig der Fall ist.

Ich bereitete alles für diese Geburt Notwendige vor. Die Wärmebettchen und zwei Garnituren Kinderwäsche waren hergerichtet, der Arzt verständigt. Frau Arendt war eine geduldige werdende Mutter, die meinen Anweisungen aufmerksam folgte. Das gute Einvernehmen war die beste Voraussetzung für einen problemlosen Ablauf der Geburt. Damals wusste ich noch nicht, dass dieser Tag alles andere als ein guter Tag werden würde. Er sollte Folgen für mich haben, weil ich wieder mit dem Gesetz in Konflikt geriet. Der Dschungel der Paragraphen holte mich ein zweites Mal ein.

Das erste Kind war geboren. Ein Mädchen mit dem für eine Zwillingsgeburt beachtlichen Gewicht von 3900 Gramm und einer Länge von 53 Zentimetern.

Dementsprechend klein war das Zweitgeborene. Ein Bub von 1030 Gramm, in Steißlage geboren, war ein schwaches, armseliges Kind, das kaum Lebenschancen hatte. Er atmete nur unter Sauerstoff und mit meiner Mithilfe. Die bläuliche Hautfarbe zeugte von seiner extremen Lebensschwäche, von instabilem Kreislauf.

Ich sah keine Hoffnung für ein Weiterleben dieses Kindes und spendete ihm die Nottaufe, was, wie ich meinte, sicher auch im Sinne seiner Eltern wäre. Ich glaubte pflichtgemäß und nach meinem Gewissen gehandelt zu haben, wenn ich ein sterbendes Neugeborenes taufte. Das stand auch im Einklang mit dem, was man uns in der Hebammenschule gelehrt hatte. Dass mein scheinbar gut fundiertes Wissen in diesem Fall nicht dem Gesetz entsprach, bekam ich zu spüren, nachdem ich zur Einweisung in die Kinderklinik auf dem Formular pflichtgemäß vermerkt hatte: »Nottaufe am 14.9.«

Der Vollständigkeit halber sei erwähnt, dass der kleine Zwilling sich es plötzlich anders überlegte. Er nutzte die winzige Lebenschance, die er hatte, begann, wenn auch mühsam, zu atmen, sodass ein Transport in die Kinderklinik möglich war. Der von der Natur benachteiligte Bub, der dem Tod so nahe gewesen war, hat sich durchgerauft. Er ist am Leben geblieben zum Staunen, aber auch zur Freude aller Beteiligten.

Doch nun kam, für mich unfassbar, die Maschinerie der Paragraphen in Gang, ausgelöst durch meinen Vermerk auf dem Klinikformular bezüglich der Nottaufe. Der Kindsvater las diesen Vermerk und sah rot. »Das ist ungeheuerlich, was Sie in Ihrem übertriebenen Eifer getan haben, mein, unser Kind zu taufen! Ich habe in der Verwaltung ausdrücklich erklärt, dass meine Frau und ich konfessionslos sind und gegebenenfalls keine Taufe unserer Kinder wünschen. Sie haben meine Anordnungen missachtet, und zwar in einem Punkt, in dem ich sehr empfindlich bin. Ich werde Anzeige gegen Sie erstatten. Der Staatsanwalt wird das Wort haben.«

Herr Arendt hatte diese Worte in höchster Erregung gesprochen. Nun drehte er sich um und ließ mich in meiner Fassungslosigkeit und dem Wirrwarr meiner Gedanken allein.

»Staatsanwalt, Anzeige«, hämmerte es in meinem Hirn. Wieder hatte ich gegen das Gesetz verstoßen, trotz guter Gesinnung und im Glauben, recht gehandelt zu haben.

Was ist Recht? Dinge, die man nicht aushandeln kann, die im Gesetzbuch festgelegt sind, nach Paragraphen angeordnet, unverrückbar, wie mit eiserner Faust geschrieben.

Ich würde mich verantworten müssen, weil ich mich schuldig gemacht hatte, ohne Einwilligung der Eltern ein, wie ich glaubte, sterbendes Kind notgetauft zu haben. Ich hatte versäumt diese wichtige Frage den Eltern, beziehungsweise der Mutter, zu stellen und hätte ihre Antwort abwarten müssen. Durch diese Unterlassung war ich nun straffällig geworden und würde die Konsequenzen tragen müssen; nach irgendeinem Paragraphen irgendeines Gesetzes.

Nach dieser Erkenntnis verbrachte ich Stunden voller Unruhe und verwünschte meinen Beruf, der mich ein zweites Mal hatte schuldig werden lassen. Ich fühlte mich im Recht, von einer schuldhaften Handlung konnte in meinen Augen keine Rede sein, ich war wütend, dass ich nun wohl ein Opfer der Justiz werden würde.

Doch bei näherer Betrachtung, ruhiger geworden, sah ich die Dinge klarer und in einem etwas anderen Licht. Ich verstand nun auch die Erregung, den Zorn des Kindsvaters, der in einer für ihn sehr wichtigen Sache nicht gehört worden war. Er fühlte sich in seiner tiefsten Überzeugung verletzt, seine Erklärung war nicht zur Kenntnis genommen worden, was auch immer die Beweggründe seiner inneren Einstellung gewesen sein mochten. So betrachtet war ich nicht frei von Schuld.

Aber wen hätte ich fragen sollen? Ich wusste, dass Herr Arendt nach Angabe der Personalien das Haus verlassen hatte, an ihn hätte ich keine Frage stellen können. Die Mutter des Kindes lag nach einer Plazentalösung in Narkose, sie war zu diesem Zeitpunkt noch nicht ansprechbar, also wäre auch hier auf meine Frage keine Antwort zu erwarten gewesen. Nur die Verwaltung wusste von der Willenserklärung des Kindsvaters, sie hatte aber versäumt sie mir mitzuteilen. Wie sich später herausstellte, war sie schriftlich festgelegt worden um die Wichtigkeit der Sache zu unterstreichen. Diese Achtlosigkeit wurde für alle, ganz besonders aber für mich, zum Dilemma.

Nach weiteren Ermittlungen wurde festgestellt, dass die Frau Oberin selbst es war, die die Eintragung vorgenommen und auch die so wichtige Erklärung entgegengenommen hatte. Diese in allen Dingen korrekte Ordensfrau, die die Geschicke des Hauses in ihren Händen hielt, die Weitblick besaß, alle Religionen achtete, der auch die Gefühle anders Denkender wichtig waren, hatte vergessen diese so wichtige Mitteilung an mich weiterzugeben. Es war eine fatale Sachlage.

Die Geschichte fand aber doch noch ein gutes Ende; denn Herr Arendt zog unter diesem Aspekt seine Anzeige zurück. Wer möchte schon eine Nonne, die aus Vergesslichkeit ein Versehen begangen hat, vor Gericht bringen? Das wollte auch Herr Arendt nicht und ließ die Sache auf sich beruhen. Das war auch seiner Frau zu verdanken, die ihn zur Toleranz ermahnt und gesagt hatte: »Nimm das nicht so tragisch. Wir sollten froh sein, dass unser Kind lebt. Wenn es groß genug ist, kann es selbst entscheiden, ob es aufgrund der Nottaufe einer Religionsgemeinschaft angehören möchte. Vielleicht wird es auch gegen unsere Ansicht gläubig werden, wer weiß. Es wird seine Entscheidung werden, nicht die unsere, und wir sollten sie so akzeptieren, wie sie fällt.«

Es ist schade, dass ich den Lebensweg des kleinen Holger nicht weiter verfolgen konnte. Die Familie Arendt zog bald darauf in eine andere Stadt um. So blieb für mich Holgers spätere Entscheidung bedauerlicherweise im Dunkeln.

Mittlerweile war es spät geworden. Ich ließ in Gedanken noch einmal die Ereignisse des Tages vor mir abrollen, als mich die Nachricht erreichte, dass mich eine Kleinbäuerin im entlegenen Mitteröd brauche. Im siebten Schwangerschaftsmonat hatten plötzlich Wehen eingesetzt, viel zu früh, als dass man noch eine günstige Prognose für das Kind hätte stellen können.

»Ich möchte diesmal ins Krankenhaus gehen,

weil niemand da ist, der mich und die Kinder versorgen tät«, erklärte mir die werdende Mutter.

»Es ist sicher das Beste«, gab ich zur Antwort, »und ich hätte dringend dazu geraten.«

Unter solchen Bedingungen ist ein Krankenhausaufenthalt das einzig Richtige, damit man das Kind als Frühgeburt ohne Zeitverlust versorgen kann.

Während die Bäuerin noch einen Waschlappen mit einem Stück Seife auf die bereits fertig gepackte Tasche legte, sagte sie in einem sehr bestimmten Ton: »Aber ich möchte ins Kreiskrankenhaus gehen, weil mir des lieber ist als wie des kleine Haus in Kraiburg.«

Mir war das recht, nur musste ich mich wundern, wo doch die Mitteröderin bei der Geburt ihrer Kinder immer daheim geblieben war, angeblich aus Angst oder Abneigung gegen Krankenhäuser. Ich machte mich also mit ihr auf den Weg Richtung Mühldorf um im dortigen Krankenhaus die Geburt zu beenden. Den massiven Wehen nach würde es unmöglich sein, mit Medikamenten die frühzeitige Geburt zu blockieren.

Etwa auf halbem Weg bat mich die Mitteröderin anzuhalten und sagte: »Kehr wieder um, ich mag doch net ins Krankenhaus nach Mühldorf. Ich hab mir's überlegt, a kleins Haus is' mir lieber. Vor an großen Haus hab ich Angst.«

Dass ich über so viel Eigenheit verärgert war, ist selbstverständlich, außerdem drängte die

Zeit. Trotzdem erklärte ich ihr in ruhigem Ton, dass wir uns, statt in nutzloser Weise hin- und herzufahren, beeilen sollten an ein Ziel zu kommen, wenn die Geburt des Kindes ein gutes Ende nehmen sollte.

»Wennst net umkehrn magst, dann geh ich zu Fuß«, war ihre entschiedene, feste Antwort.

Es blieb mir nichts anderes übrig als umzukehren, ihren Willen zu akzeptieren und meinen Ärger hinunterzuschlucken. Doch dies blieb keineswegs der letzte Zwischenfall in dieser Nacht, im Vergleich zu dem, was noch kommen sollte, war er sogar harmlos.

Es war schon dunkel geworden, als ich mit der werdenden Mutter den Kreißsaal betrat. Sie schien sich nicht wohl zu fühlen in der sterilen Umgebung, in dem Raum mit den kalten Fliesen an Wänden und Boden, wo einem der Geruch von Desinfektionsmitteln in die Nase stieg. »Ich wär lieber daheim 'bliebn«, überlegte die Mitteröderin, während sie das Kreißbett aufsuchte.

Bei meiner ersten Untersuchung stellte ich eine Steißlage fest, nichts Ungewöhnliches bei zu früh geborenen Kindern. Doch als ich die kindlichen Herztöne abhören wollte, erschrak ich: Man vernahm nur den Puls der Mutter.

Ich konnte es nicht glauben, dass dieses kleine Herz nicht mehr schlagen sollte. Welche Gründe gab es dafür? Immer wieder versuchte ich, ob nicht doch ein Ton zu hören wäre, der das Leben des ungeborenen Kindes anzeigte. Aber außer dem mütterlichen Puls waren weder Herztöne des Kindes noch Nabelschnurgeräusche zu hören.

Um mich zu vergewissern fragte ich die Kreißende, wann sie die letzten Kindsbewegungen verspürt habe, ob dies heute noch gewesen sei. »Naa, naa«, antwortete sie, »seit ein paar Tag' spür ich nimmer viel, aber genau sagen kann ich des net, ich hab da nie auf'passt.«

Auch Dr. Wieland, der inzwischen eingetroffene Arzt, bestätigte meine Diagnose: »keine kindlichen Herztöne«. Ein totes Kind würde zur Welt kommen.

Bald erfolgte der Blasensprung und zwei winzige Füßchen wurden sichtbar, die keine Reaktion zeigten, wenn man sie anfasste. Sie waren ohne Spannung, ohne Leben. Bei der anschließenden Wehe kam spontan der übrige Körper des Kindes. Statt eines Schreis, der immer zur Freude Anlass gibt, beängstigende Stille im Kreißsaal. Dr. Wieland hielt ein totes Kind in seinen Händen.

Es ist immer ein deprimierender Augenblick für Arzt und Hebamme, wenn man sich dieser Tatsache stellen muss. Dieses Mal blieb es mir wenigstens erspart, der Mutter den Tod des Kindes melden zu müssen. Dr. Wieland tat es in einfühlsamer Weise.

Der Tod ihres Kindes, auch wenn er im Mutterleib ausgelöst wurde, ist für jede Frau eine Tragödie, die schwer zu verkraften ist. Auch wenn man davon ausgeht, dass die Entwicklung des Kindes noch nicht abgeschlossen und die Beziehung zu ihm noch keine im eigentlichen Sinn persönliche ist, mindert das weder Schmerz noch Trauer.

Die Ursache des Todes blieb ungeklärt. Es gab keine sichtbaren Zeichen, was zu dem Geschehen geführt hatte. Waren äußere Einflüsse dafür verantwortlich? Auf diese Frage gab es keine Antwort. Sie blieb im Dunkeln.

Die Mitteröderin bestand darauf, ihr Kind zu sehen, das sie geboren hatte. Ich wusch den kindlichen Körper, kleidete ihn an und brachte das Kind an das Bett der Mutter.

»A tots Kind hab ich«, sagte sie. »Warum eigentlich?« Bei diesen Worten schaute sie mich feindselig an.

»Darauf kann ich keine Antwort geben«, sagte ich. »Ich weiß nicht, was in deinem Körper vorgegangen ist, dass dieses Kind sterben musste, bevor es geboren wurde.«

Ich spürte die Wut dieser Frau, die mir mit Blicken zu verstehen gab, dass sie mich für den Tod ihres Kindes verantwortlich machte.

Das Wochenbett verlief für uns beide unerfreulich. Die abweisende Haltung der Wöchnerin, die ich schon lange kannte und zu der ich, wie ich glaubte, immer in guter Beziehung gestanden war, kränkte mich.

Sie hatte lange Gespräche mit Dr. Wieland, der sich in dieser Angelegenheit in besonderer Weise um sie annahm und ihr zu verstehen gab, dass kein Mensch auf dieser Welt für den Tod des Kindes verantwortlich gemacht werden konnte, weil es im Mutterleib verstorben war. »Und hier stehen wir an unseren Grenzen«, erklärte er ihr.

Doch die Mitteröderin interessierten die Argumente des Arztes nicht. Für sie stand fest: Ich, die Hebamme, war schuld am Tod ihres Kindes, obwohl dafür jeder Beweis fehlte.

Die Tage des Wochenbettes gingen zu Ende. Die Mitteröderin zog es vor, ohne Abschied, ohne ein letztes Wort, das Krankenhaus zu verlassen. Ihr Bett war eines Tages leer, das tot geborene Kind ließ sie einfach zurück ohne sich weiter darum zu kümmern.

Es ist anzunehmen, dass sie das dramatische Ereignis nicht verarbeiten konnte, dass sie einen Ausweg gesucht hat um ihre Trauer abbauen zu können. Sie fand ihn in einer ungewöhnlichen Redseligkeit, die ihr früher fremd gewesen war. Es gab ja genügend Gelegenheit sich den Menschen mitzuteilen, zum Beispiel am Sonntag nach dem Gottesdienst, beim Einkaufen, bei Versammlungen jeder Art. Alle sollten wissen, dass sich eine Hebamme schuldig gemacht und den Tod eines Kindes zu verantworten habe. Manche Leute lachten über diese Anklage der Mitteröderin, andere hörten aufmerksam zu, ihre Gedanken blieben geheim. Doch die alte Glaser-Kathl, die durch ihr Alter weise geworden war, meinte zu mir: »Ja, ja, a Hebamm hat's net leicht, die is' alleweil gleich schuldi'. Des Sprichwort kennst du doch auch, wenn einer recht alt wird und dann stirbt, dass ma' sagt: ›Bei dem ist d' Hebamm auch nimmer schuld.‹«

Ich glaube, die Glaser-Kathl hat mit diesem Ausspruch den Nagel auf den Kopf getroffen.

Es war Mitternacht geworden, als ich nach Hause kam. Ein bemerkenswerter Tag mit einer Häufung von unerfreulichen Begebenheiten war zu Ende gegangen. Obwohl müde und erschöpft, fand ich lange keinen Schlaf und überlegte, was oder wer dafür verantwortlich ist, dass mehrere höchst unangenehme Dinge geballt auf einen zukommen, bei denen jeder Zeitbegriff verloren geht und das eigene Ich in Vergessenheit kommt. Dass an diesem Tag mein fünfzigster Geburtstag war, auch das hatte ich vergessen.

Meinst, dass mich jemand verwünscht hat?

Der Februar kam mit Schneeverwehungen, Sturm und Kälte. An den Straßenrändern bildeten sich hohe Schneewände, die nur eine schmale Fahrspur freiließen. Es war kein Vergnügen, sich mit dem Fahrzeug diesen Straßenverhältnissen anvertrauen zu müssen.

In der letzten Ecke unseres Landkreises liegt die Einöde Holzwinkel, zu der ich heute gerufen wurde. Tief verschneit lag dieses kleine Gehöft in seiner Einsamkeit am Rande des winterlichen Waldes, weitab von jeder menschlichen Ansiedlung. Tiefe Stille ringsum, nur das Motorengeräusch unterbrach sie. Der aufsteigende Rauch des Kamins zeigte an, dass es hier Menschen gab, sonst glaubte man sich am Ende der Welt.

Die Zieglerin erwartete mich in der Stube auf dem Kanapee liegend, mit »ziemlichen Wehen«, wie sie sagte. Sie versuchte aufzustehen, doch bei ihrer Körperfülle gelang dies nicht auf Anhieb. Erst beim dritten Ansatz war sie auf den Beinen.

»Ich muss aufstehn«, erklärte sie mir, »des Liegen taugt mir net.« Dabei rieb sie ihren Rücken, als ob sie sich damit Linderung ihres Unbehagens verschaffen wollte. »Heut ist alles anders wie sonst. Ich kann net sagen, was anders is'. Es is' net so wie bei den anderen Kindern, wennst mich verstehst, was ich mein.«

Mit dieser Aussage konnte ich wenig anfangen, also verlegte ich mich aufs Fragen. Rechnete man nach dem letzten Zyklus, ergab sich der heutige Tag als Geburtstermin. Die ersten Kindsbewegungen hatte die Zieglerin nicht mehr in Erinnerung. »Da hab ich noch bei keinem Kind auf'passt. Die kommen eh, wenn's Zeit is',« sagte sie in überzeugtem Ton.

Bei der anschließenden äußeren Untersuchung machte ich eine erstaunliche Entdeckung: Es war keine Schwangerschaft vorhanden, folglich gab es auch keine kindlichen Herztöne, obwohl die vorgewölbte Bauchdecke eine zu Ende gehende Schwangerschaft vortäuschte, das Ausbleiben der Regel darauf hinzudeuten schien, ebenso alle sonstigen Erscheinungen und gelegentlichen Beschwerden, die in dieser Zeit auftreten können.

Eine Scheinschwangerschaft? Wohl kaum. Dagegen sprach, dass absolut kein Kinderwunsch vorhanden war. Dass diese Frau mit beiden Beinen fest auf der Erde stand, seelisch stabil war und stets viel zu beschäftigt um sich in irgendwelche Vorstellungen hineinzusteigern.

Mir gingen noch andere Möglichkeiten durch den Kopf, aber vorerst wollte ich einmal abwarten, wie sich die Dinge weiterentwickelten, wie sich die Wehen zeigen würden.

Stunden vergingen. Draußen kam die Nacht mit Sturm und Schnee, der die Einöde zudeckte. Der Holzwinkel war zugeschneit, seine Menschen von der Zivilisation abgeschlossen. Für die Zieglerleute war dies kein Grund zur Sorge, das war nichts Neues, damit hatte man sich längst abgefunden.

Eine unruhige Zieglerin fragte mich immer wieder, wie es denn jetzt weitergehen würde. Es seien doch immer schnelle Geburten gewesen bei ihren vier Kindern und ohne Komplikationen.

Sie reagierte verständnislos auf die ungewohnte Situation, die ihr völlig unerklärlich erschien.

Nach weiteren zwei Stunden sprang die Fruchtblase und zugleich kam ein Gebilde auf diese Welt, das auf den ersten Blick nur entsetztes Kopfschütteln bei mir hervorrief.

Bei näherer Betrachtung erkannte ich einen Fötus, der in einer dichten Kalkschicht wie eingemauert erschien und der in der Fachsprache als Versteinerung bezeichnet wird. Die Plazenta hatte ihre Funktion nach etwa zwei Monaten eingestellt und war ebenfalls von Kalkablagerungen umgeben. Es war ein trauriger Anblick. Für angehende Ärzte und Hebammenschülerinnen wäre es aber eine interessante Bereicherung ihres Wissens. Ein seltener Fall von Anomalie in der Geburtshilfe.

Ich nahm dieses »versteinerte« Kind mit in das Krankenhaus als Anschauungsmaterial für die Lernschwestern, aber auch die Ärzte würden sich interessieren für diese seltene Laune der Natur.

Die Zieglerin kümmerte sich um ihr »abgestorbenes, steinernes« Kind nicht weiter, obwohl sie es geboren hatte. Sie hörte, wie ich es in die Metallschale legte, so, als fiele ein Stein hinein.

»Warum muss ich des neun Monat' umeinander tragen und dann is's aus Stoa?«, murmelte sie verständnislos vor sich hin. »Meinst, dass mich jemand verwünscht hat?«, wandte sie sich an mich. Dabei sah sie mich mit erschreckten und zugleich traurigen Augen an.

Der seit Generationen überlieferte Glaube, böswillige Menschen könnten einem durch Verwünschungen allerhand Unheil bringen, verbreitete damals noch überall Furcht und Angst und war bei Schwangeren und Wöchnerinnen besonders ausgeprägt.

Auch die Zieglerin machte dabei keine Ausnahme.

Was Schwangerschaft und Geburt anging, machten sich aber diese Frauen, besonders in der Einsamkeit lebende, keine Gedanken, weil für sie diese natürlichen Vorgänge keinen Anlass zur Sorge gaben. Sie beobachten ihren Körper kaum, dafür fehlte die Zeit und, so sagten sie sich, die Natur macht eh alles recht.

Nach einigen Jahren war ich wieder auf dem Weg nach Holzwinkel. Dieses Mal war es Sommer, ein heißer Julitag, der dieses idyllische Fleckchen Erde im Licht der Sonne erstrahlen ließ. Ich nahm die Schönheit dieser stillen Gegend bewusst in mich auf. Den Wald, der von drei Seiten wie eine grüne Mauer das Gehöft umgab, den Duft der Bäume und der tausend Blüten, den Gesang der Vögel. Ein Eindruck, dem man sich nicht entziehen konnte.

Die Zieglerin erhob sich wieder vom Kanapee, mühsam, ein wenig umständlich, so wie beim letzten Mal. Ich hatte wieder den versteinerten Fötus vor meinen Augen, den erschreckten Gesichtsausdruck der Zieglerin, weil sie glaubte, das Opfer einer Verwünschung zu sein; denn ein solches Ereignis sprach ihrer Meinung nach für sich selbst. Alle meine Bemühungen, ihr das auszureden, waren damals gescheitert, sie war fest davon überzeugt, dass etwas nicht mit rechten Dingen zugegangen war.

»Meinst, dass es heut wieder so kommt wie das letzte Mal vor zweieinhalb Jahr'? Mir ist heut noch ganz schwindlig, wenn ich da drandenk«, war das Erste, was sie nach der Begrüßung sagte.

Aber dieses Mal schien uns eine normale Geburt bevorzustehen, wie ich hoffte, ohne Komplikationen.

Doch die angebliche Verwünschung, die ein versteinertes Kind zur Folge gehabt hatte, ließ der Zieglerin immer noch keine Ruhe. An verschiedenen Geschehnissen glaubte sie erkannt zu haben, dass sie verwünscht worden war, und diese Tatsache wollte sie mir unbedingt mit Beweisen klarmachen. »In dem Jahr damals«, erzählte sie, »ist so viel gschehn, dass man an Verwünschung glauben muss. Net nur des versteinerte Kind war ein Zeichen, auch meine

Hühner sind verwünscht worden, sie habn Hexeneier glegt.« Darunter verstand man kleine Eier ohne Dotter, die man dem Aberglauben zufolge verbrennen musste. »Und unsere beste Millikuh ist krank wordn und hat hingworfen« – also auch eine Fehlgeburt beim Vieh. »Naa, naa, des lass ich mir net nehmen, wir sind verwünscht wordn.«

Aber nach Jahren haben sich die Dinge beruhigt und der Fluch war nach Ansicht der Zieglerin gebannt, gegenstandslos geworden. Die Person, die sie in Verdacht hatte die Verwünschungen geschickt zu haben, war inzwischen verstorben.

»Und 's Weihwasser geht uns seitdem nimmer aus«, setzte sie hinzu. Weihwasser wird besonders in ländlichen Gebiet als Waffe gegen das Böse eingesetzt und hat hohen Stellenwert.

Massive Wehen hatten nun eingesetzt, der Zieglerin ihre Reden wurden immer kürzer, ruhiger. Die Geburt ging dem Ende entgegen.

Der Kindsvater war draußen im Wald beschäftigt, er hatte »keine Zeit« hier Beistand zu leisten und »mein Mitleid hilft euch eh net«, war seine Meinung. Ich war der Ansicht, der Ziegler wolle sich davor drücken, bei der Geburt dabei zu sein. Die Zieglerin erzählte mir, dass ihm die Sache mit dem »steinernen Kind« damals sehr zugesetzt habe. Diese unglückliche Begebenheit hatte nicht nur bei der Mutter, auch beim Vater starken Eindruck hinterlassen. Obwohl robust in seiner Art, in seinem Auftreten, hatte er eine feinfühlige Ader, wenn es um Frau und Kind ging, da war er, wie es schien, etwas zart besaitet.

Ich hatte volles Verständnis für seine Haltung. Ich tolerierte sie gern; denn seelisch labile Menschen sind in den Stunden der Angst keine Hilfe. Sie bringen Beklemmung und Unruhe für ihre Umgebung.

»Wir brauchen ihn eh net«, behauptete die werdende Mutter zwischen den Wehen, »die Hauptsach ist, du bist da.«

Damit allerdings konnte sie mich nicht ganz überzeugen. Ich sah ihr an, dass sie ihren Mann in dieser Stunde sehr gern bei sich gehabt hätte.

Ein gesundes Mädchen, 4000 Gramm schwer, kam ohne Komplikationen in Holzwinkel zum Leben. Ein schönes, gut ausgetragenes Kind hielt ich in meinen Händen, das allen Grund zur Freude gab.

»Is' des Dirndl schon in Ordnung, hat's die graden Glieder?«, war die erste Reaktion der Mutter.

Aus dieser Frage spürte ich heraus, dass die angebliche Verwünschung in ihrem Inneren immer noch präsent war.

Bei näherer Betrachtung des Kindes sah ich, dass das Zungenbändchen angewachsen war, eine kleine Abnormität, die weiter keine Bedeutung hat, wenn man sie frühzeitig erkennt. Der Zieglerin verschwieg ich meine Entdeckung, sie hätte mit Sicherheit wieder Verwünschungen dafür verantwortlich gemacht. Ein gestörter Seelenfrieden, eine unnötige Belastung wäre mit diesem Wissen auf sie zugekommen. Es war ein kleiner Pieks mit der Schere und das Problem war gelöst.

Frisch gebadet, eingepackt in Jäckchen und Windeln, legte ich das Neugeborene der Mutter in den Arm, damit sie sich vom gesunden Zustand ihres Kindes überzeugen und sich darüber freuen konnte. Aber das genügte der Zieglerin noch nicht. Sie wollte ganz genau prüfen, ob der kleine Körper auch wirklich in jeder Hinsicht vollständig sei, und verlangte: »Ich möcht des Dirndl nackert sehn, ob's auch gwiss in Ordnung is'.«

Dem Wunsch der Mutter entsprechend packte ich das Kind noch einmal aus, obwohl es sich in den angewärmten Windeln sichtlich wohl gefühlt hatte. Ich wollte der Zieglerin den Rest ihres Misstrauens nehmen. Wer hätte dafür kein Verständnis?

Erst als ein makelloser kindlicher Körper zu sehen war, der nicht einmal ein Muttermal hatte, gab sich die Wöchnerin zufrieden.

Nachdem Mutter und Kind versorgt waren, packte ich die Plazenta in starkes Papier, so wie ich es immer tat, wenn es irgend möglich war, hob die Ringe vom Herd und übergab sie dem inzwischen neu angefachten Feuer. Es war fast eine feierliche Handlung, wenn ich zusah, wie dieses für das Werden eines Menschen wichtige Organ, das seine Aufgabe erfüllt hat und nun nutzlos geworden ist, vernichtet wurde. Es leuchtete noch einmal in allen Farben, faszinierend, wenn man dieses Geschehen bewusst betrachtete. Zuletzt blieb ein Häufchen Glut, ein wenig Asche. Ein Kreislauf war beendet. In der Stille des Holzwinkels nahm ich diesen Vorgang wieder einmal beinahe andächtig in mich auf.

Auf der Heimfahrt rollten die letzten Stunden noch einmal vor mir ab. Ich sah die Mutter vor mir, die nun, nach dem vergangenen Drama, ein gesundes Kind bekommen hatte, den Vater, höchst zufrieden, als er aus dem Wald heimkam, Mutter und Kind gesund vorzufinden. Am meisten freute er sich, dass nach vier Buben sein Wunsch nach einem Mädchen erfüllt wurde. Ich sah, wie dieser Mann seiner Frau über das Haar strich, ein wenig unbeholfen, wortlos, als Zeichen der Zuneigung und des Dankes. Große Worte lagen ihm nicht. Mit einer kleinen Geste war alles gesagt, was es zu sagen gab. Ich sah die Menschen in der Einsamkeit des Holzwinkels, wie sie ihr bescheidenes Leben im Einklang mit der Natur lebten. Und trotz ihrer christlichen Einstellung ganz selbstverständlich an Dämonen und Geister glaubten.

Den gleichen Dickkopf wie sein Vater

Ein strahlend schöner Herbsttag ging über das Land. Schwer trugen die Äste der Obstbäume an der Last ihrer Früchte und an den Mauern der Zuhäusl gingen die Trauben ihrer Reife entgegen.

Karpfham, der höchstgelegene Punkt dieser Gegend, war in das Licht der untergehenden herbstlichen Sonne getaucht. Unten im Dorf, von dem hier oben außer der Kirchturmspitze nichts zu sehen war, stiegen schon die Schatten des Abends.

Die Huberbäuerin erwartete mich zur Geburt ihres dritten Kindes. Von der Hauptstraße bog ich nun in den Feldweg ein, der schmal und uneben zum Huberhof führte.

Eine tüchtige Bäuerin war sie, die junge Huberin. Zwar hatten die Hubereltern die Einheirat dieses Flüchtlingsmädchens, das außer ihren zwei gesunden Armen so gut wie nichts in diese Ehe einbringen konnnte, gar nicht gern gesehen, weil es eine Fremde war. Jedoch hatten sie schließlich dem Dickkopf ihres Sohnes nachgegeben, den er, wie die Huberbäuerin glaubte, von seinem Vater vererbt bekommen hatte. Auch der Herr Pfarrer war der Meinung, dass eine solche Verbindung wünschenswert sei und eine Blutauffrischung bedeute, nachdem eh schon zu viel innerhalb der Verwandtschaft geheiratet wurde, weil man immer unter sich blieb und Sach zu Sach und Geld zu Geld kommen musste. Die Worte des Herrn Pfarrer hatten Gewicht und trugen dazu bei, dass einmal eine Hochzeit gefeiert wurde, bei der nicht über Geld und nicht über Besitz verhandelt werden musste.

Es stellte sich heraus, dass der junge Huberbauer mit seiner Entscheidung eine gute Wahl getroffen hatte. Zwei gesunde Mädchen hatte die junge Bäuerin dem Hof geboren, aber eben nur Mädchen, die in dieser bäuerlichen Gesellschaft einen untergeordneten Rang einnahmen. Nun erwartete man, wie sollte es anders sein, den Stammhalter, der einmal Hof und Namen traditionsgemäß weiterführen sollte.

Als ich etwas näher an das Gehöft herankam, sah ich, dass jemand auf dem Traktor saß und kreuz und quer durch den Obstgarten fuhr. Plötzlich hörte ich eine weibliche Stimme, die laute »Öh«- und »Brr«-Rufe erschallen ließ.

Sekunden später erkannte ich auf dem Fahrersitz die alte Huberbäuerin, die aufgeregt versuchte, mit Zurufen das ungestüme Fahrzeug zum Stehen zu bringen. Immer wieder hörte ich ihr verzweifeltes »Öh und brr, öha, sag ich!« Doch der Traktor, dem dieser Zuruf unbekannt war, bewegte sich weiter, immer weiter, und die Altbäuerin malträtierte die Steuerung mit wilden Rucken nach rechts und links, immer wieder ihr

»Öh und brr« rufend. Die Hühner liefen flatternd nach allen Seiten, eine kam unter die Räder, eine andere suchte hinkend das Weite. Ein junger Baum wurde geknickt, der Holzzaun des Wurzgartens bot einen traurigen Anblick. Doch dann krachte es; Holz splitterte und ich sah, wie der Traktor mit der verzweifelten, »Öh – brr« rufenden Bäuerin durch das vordere Hoftor fuhr und bei dem hinteren wieder herauskam, Verwüstung hinter sich lassend.

An der Mauer des Backofens fand die Irrfahrt ihr Ende. Eine verwirrte alte Frau entstieg dem demolierten Fahrzeug, als der junge Bauer, leider zu spät, auf dem Hofplatz eintraf und zu seiner Mutter sagte: »Des is' a Bulldog, Muatter, kein Ochs, zu dem du öh und brr sagen kannst. Der hört net auf des. Du musst auf die Brems treten, wennst halten möchtst.«

Zitternd antwortete die Altbäuerin: »Naa, Naa, den rühr ich nimmer an. Da waren mir meine Ochsen schon lieber, die sind stehn bliebn, wenn ich des zu ihnen gsagt hab.«

Der Hofplatz sah böse aus, als ich der Haustür zuging. Die alte Mutter kam hinter mir ins Haus, blass, mit zitternden Knien, völlig erschöpft. Diese Aufregung war zu viel für sie. Sie suchte in der Stube das Kanapee auf, das sie tagsüber sonst nie benutzte, und ich half ihr beim Hinlegen. Sie ließ es sich gerne gefallen, dass ich sie zudeckte und ihr sagte, dass doch weiter nichts passiert sei und den materiellen Schaden könne man beheben. Jedenfalls müsse man trotz allem froh sein, dass keine Menschen zu Schaden gekommen seien.

Sie nickte, wie es schien, ein wenig getröstet. Jetzt erst erkannte sie mich und rief überrascht aus: »Ja, du bist es. Ich hätt dich bald nimmer kennt. Gehst jetzt zur Traudl 'nauf? A Bua wär halt recht. Wenn's nur gut vorbeigeht.«

Die junge Bäuerin traf ich oben in der Schlafstube Socken stopfend an. Bei jeder Wehe legte sie Nadel und Faden hin und wartete klaglos, bis sie ihre Arbeit wieder aufnehmen konnte.

»Es ist schad um die Zeit, die man mit Warten verbringt«, erklärte sie mir. »Socken flicken ist a leichte Arbeit, die geht sonst nebenbei.«

Aber bald kam das Aus für diese Tätigkeit; denn die Wehen wurden stärker, häufiger und die Huberbäuerin legte säuberlich die begonnene Arbeit in einen Korb, Nadel und Wolle daneben.

Unser Gespräch drehte sich um das Kind, das hoffentlich ein Bub sein möge, nach den zwei Mädchen.

»Diesmal hab ich keine Flecken im Gsicht und die Mutter meint, dass es a Bub sein könnt, weil ich bei den Dirndln so gfleckert war.«

Viel zu sagen gab es nicht, was diese Schwangerschaft betraf, es fehlte die Zeit darüber nachzudenken. Und Beschwerden, die einen Arztbesuch nötig gemacht hätten, hatte die Huberbäuerin keine. Was den Geburtstermin angehe, so meinte die Traudl, könnte diese Woche, vielleicht auch die nächste erst, in etwa passen. »So genau weiß man das net, sagt die Muatter alleweil« – und davon war auch die Huberbäuerin überzeugt.

Mit der Großmutter, die mir sonst immer zur Hand gegangen war, konnte ich dieses Mal nicht rechnen. Auf ihre wertvolle Hilfe in diesen Stunden musste ich heute verzichten.

Jetzt öffnete sich leise die Tür. Hans, der Bauer, trat in die Stube und fragte: »Kann ich was helfen? Ich fürcht, auf d' Muatter können wir uns diesmal net verlassen.«

»Geht's ihr net gut auf den Schrecken 'nauf?«, fragte die junge Bäuerin. »Es wäre gut«, meinte sie dann zu ihrem Mann, »wenn du im Dorf drunt die Afra holen tätst, dass sie sich um d' Muatter und die Kinder kümmert.«

Afra war die verwitwete jüngere Schwester des alten Huberbauern und der vierzehnte Nothelfer auf dem Huberhof.

Während wir über die plötzlich eingetretene Ausnahmesituation diskutierten, ging noch einmal die Schlafstubentür auf und die alte Bäuerin kam, die Schürze zubindend, in die Stube mit der überraschenden Erklärung: »Bei mir geht's schon wieder. – Wennst was brauchst, dann sagst mir's«, wandte sie sich an mich. Mit diesen Worten verschwand sie.

Wir drei sahen uns gegenseitig erstaunt an und waren hochzufrieden mit dieser Entwicklung. Großmutter war wieder für ihr Reich zuständig, sie wusste alles, sie kannte alles, war immer da. Den Kindern war sie Bezugsperson, wenn die Mutter keine Zeit für sie hatte. Sie lehrte sie beten und Verse aufsagen und alle Fragen beantwortete sie ihnen mit viel Geduld. Sie war mir die beste Hilfe bei den Geburten ihrer Schwiegertochter und eine fürsorgliche Betreuerin der Wöchnerin. Wir freuten uns dass, sie uns auch an diesem Tag tatkräftig zur Seite stehen würde.

Die Geburt zog sich dieses Mal in die Länge. Ein müder, überbeanspruchter Körper forderte Ruhepausen um sich wieder erholen zu können. Inzwischen kam die Großmutter mit dem Kohlebügeleisen in die Stube mit den Worten: »Des Bügeleisen brauchst du alleweil. Ich stell's da her, damit du es bei der Hand hast, wenn's so weit ist.«

Großmutter war eine aufmerksame Helferin. Sie wusste, dass ich bei drohender oder voraussehbarer Blutung ein möglichst schweres, kaltes Bügeleisen auf den Bauch der Wöchnerin lege um dieser Komplikation vorzubeugen. Die Huberbäuerin hatte bei den anderen Kindern damit zwar keine Probleme gehabt, ihr rotblondes Naturhaar aber sprach dafür, dass sie für Nachblutungen bei der Geburt anfällig ist. So etwas steht in keinem Lehrbuch, nur die Lebenserfahrung bringt dieses Wissen. Nicht alle Mediziner belächeln solche aus der täglichen Praxis gewonnen Meinungen, viele glauben an diese Möglichkeit.

Bei den Hausgeburten musste man mit einfachen, oft primitiven Mitteln das Höchstmögliche erreichen, man wurde erfinderisch. Mir war das Bügeleisen, zum rechten Zeitpunkt eingesetzt, ein wertvolles Instrument, mit dem ich in manchen Fällen vielleicht das Schlimmste verhindert habe.

Traudl, die Huberbäuerin, war geduldig, sie nahm es hin, dass dieses Mal alles länger dauerte. Für sie war nur eine Frage wichtig: Wird es ein Bub, damit ich meine Pflicht als Mutter eines Hoferben erfüllen kann? »Er wird Andreas heißen«, sprach sie ihre Gedanken aus, »dem verstorbenen Huberbauern zu Ehren.«

Der herbstliche Tag war längst in die Nacht übergegangen. Es wurde still in Haus und Hof. Die Ruhepausen nutzte der mütterliche Körper, er hatte neue Kräfte gesammelt um die bevorstehende Arbeit leisten zu können. Der ersehnte Hoferbe wurde erwartet, obwohl der junge Bauer versicherte: »A Dirndl is' mir auch recht.« Mit dieser Aussage stand er allein – wenn man sie glauben wollte.

Mit Schweiß auf der Stirn, alle Kräfte mobilisierend, brachte die Huberbäuerin aber dann tatsächlich den so sehr erwünschten Hoferben zur Welt, den ein beachtliches Gewicht und stattliche Körperlänge auszeichneten. Eine glückliche Mutter hielt ihr Kind in den Armen mit dem Wissen, dass sie nun endgültig anerkannt war, dass sie in den Augen der Verwandtschaft nicht mehr als Fremde galt. Sie würde durch dieses Kind ihren festen Platz am Huberhof behaupten können, niemand würde ihn ihr mehr streitig machen.

Der junge Bauer schlich leise an das Bett seiner Frau, die ihr Kind immer noch in den Armen hielt. Man spürte, dass die Spannung, unter der dieser Mann gestanden hatte, von ihm abgefallen war.

»Bin ich froh, dass es vorbei ist und alle zwei gsund sind«, sagte er mit zufriedener Miene.

»Und dass es a Bub ist«, antwortete darauf die Traudl, um noch hinzuzufügen: »– der den gleichen Dickkopf wie sein Vater haben wird.«

Schweigend und voller Glück betrachteten die Eltern ihr Wunschkind, das zufrieden im Arm der Mutter schlief und von der Freude über seine Geburt nichts ahnte.

Ich war beeindruckt von den beiden jungen Leuten, die ihr arbeitsreiches Leben in gegenseitigem Verstehen, in inniger Zuneigung und voller Harmonie lebten, die mit sich und ihrer Umwelt im Einklang waren.

Durch eine sternklare Nacht fuhr ich nach Hause. Ich war mit mir und meinem Leben, das mir an diesem Tag so viele positive Eindrücke geschenkt hatte, mehr als zufrieden. Es gab mir immer wieder Auftrieb, wenn ich nach trüben Erfahrungen das Glück der Menschen sah, für die ich verantwortlich war und die mir dadurch nahe standen. Das ist mehr, als man erwarten kann.

Ich brauche einen Menschen, der zu mir gehört

Lange betrachtete ich das ungleiche Paar, das vor mir saß, das Ratschläge und Antworten auf seine Fragen von mir erwartete. Das erste Kind sollte kommen, was naturgemäß Unsicherheit, Angst und viele offene Fragen mit sich brachte. Ein wenig skeptisch sah mich der junge Mann an.

Jung? War er noch jung? Sein Alter war schwer zu schätzen. Das mochte an seinem Dreitagebart liegen, der nur Nase und Augen freiließ und ihm das Aussehen eines Wilderers gab. Neben ihm eine sehr junge, hübsche Frau, seine Ehefrau, die aus der Stadt kam und auf seinen Hof in Graming geheiratet hatte. Zwei so grundverschiedene Menschen, jedes aus einem anderen Milieu kommend, hatte ich noch selten erlebt. Kann so eine Ehe gut gehen?, war mein Gedanke.

Doch dann begann der junge Mann zu sprechen. Sein Blick war frei und ruhig auf mich gerichtet, seine Stimme warm. Etwas sorgenvoll klangen seine Worte, als er mich fragte, ob mit der Geburt des ersten Kindes Schwierigkeiten zu erwarten seien. Er sei der Martin, der Adererbauer aus Graming, »wennst weißt, wo des is'«, fügte er hinzu. Seine Bäuerin sei die Monika, er nenne sie einfach Moni.

Ich konnte mich noch gut erinnern, wie Martin, der Hoferbe, damals zur Welt gekommen war. Nun würde sich der kleine Bub von damals, dem alle so zugetan waren, selbst mit den Pflichten und Sorgen eines Vaters auseinander setzen müssen.

Ich erkundigte mich nach dem Befinden der jungen Frau und werdenden Mutter, stellte die üblichen Fragen, die sie mir mit ihrer melodischen Stimme und in guter Aussprache beantwortete. Sie machte einen zufriedenen, fast glücklichen Eindruck, die Freude, dass sie nun ein Kind bekam, war offensichtlich groß.

Ich musste lange über diesen Besuch nachdenken, über die Verschiedenheit der beiden Menschen. Zwischen ihnen standen Welten, was Erziehung und Mentalität anging. Martin war ein Naturbursche, der zupacken konnte, dem Zimperlichkeit, jedenfalls was ihn selbst betraf, fremd war. Konnte ein Mann wie er eine sensible, ganz anders geartete Frau glücklich machen? Würde sich seine Moni in die Arbeit einer Bäuerin einfügen können? Vielleicht vollbrachte das Kind ein Wunder und sicherte den Bestand dieser Verbindung.

Es war die erste Woche im Advent, als ich zum Aderer nach Graming gerufen wurde. Martin, der junge Bauer, war mit Renovierungsarbeiten in Stall und Hof beschäftigt, was sein ganzes Denken in Anspruch nahm. Eine Sanierung des Besitzes war notwendig geworden, Unruhe und chaotische Zustände auf dem ganzen Areal waren die zwangsläufige Folge.

Eine alte Haushälterin, deren kranke Beine sie am Gehen hinderten, empfing mich an der Haustüre, die nur nach Überklettern von allerhand Schutthaufen und Mauerresten zu erreichen war. »Die Bäuerin ist droben in der Schlafkammer«, gab sie mir auf meine Frage Auskunft.

Ich betrat einen großen, ungeheizten Raum, der im wahrsten Sinne des Wortes Kälte ausstrahlte und äußerst ungemütlich war. Die junge Bäuerin lag in einem hoch aufgetürmten Federbett, Kopf und Hände der Kälte wegen in den Kissen vergraben. Ein Raum, wo Minusgrade herrschen, Eisblumen an den Fenstern blühen, die Betten sich klamm und feucht anfühlen und alle Gegenstände, die man anfasst, starr und kalt sind, eignet sich nicht zur Geburt eines Kindes.

Auf meine Frage, ob das Zimmer heizbar sei, antwortete die junge Frau: »Eigentlich schon, aber die Vevi sagt, dass der Ofen nicht funktioniert, er gäbe statt Wärme nur Rauch ab.«

Er hätte repariert werden müssen, was aber nicht geschehen war. In Anbetracht dieser Verhältnisse bettete ich die junge Mutter in die untere Stube, die der Kachelofen wohlig erwärmt hatte.

Zwischendurch kam auch Martin um sich nach dem Geburtsverlauf zu erkundigen. Mit verstaubter Kleidung, wirren Haaren und unrasiertem Gesicht war er nicht gerade eine Augenweide. Er hielt sich nur kurz in der Stube auf um draußen seine Arbeit wieder fortzusetzen, die ihm anscheinend wichtiger war als alles andere. Ich sah den bittenden Blick seiner Frau, als er zur Tür ging, so, als wollte sie sagen: Lass mich nicht allein in diesen Stunden, es ist ja auch dein Kind, für das wir beide Verantwortung tragen.

Eine stille, schweigende Mutter ertrug die Wehen wortlos, in sich zurückgezogen, nur mit ihren Gedanken beschäftigt.

In den Stunden des Wartens wurde mir vieles klar. Diese Verbindung hielt nicht, was sie versprochen hatte. Die Verschiedenheit der beiden Menschen war zu groß, als dass ihre Beziehung in der Abgestumpftheit des Alltags bestehen hätte können. Es gab keinen gemeinsamen Nenner für ein echtes Miteinander, ohne das man gerade in einer bäuerlichen Welt nicht zurechtkommt.

Auch mir gegenüber zeigte Monika keine Gesprächsbereitschaft. Sie antwortete auf meine Fragen, wenn überhaupt, nur knapp, sonst schwieg sie. Das war keine gute Ausgangsposition. Ihre Haltung blockierte das Aufeinanderzugehen, das in diesen Stunden sehr wichtig, ja unbedingt notwendig ist.

Ich wünschte so sehr, sie würde Schmerzäußerungen zeigen, die hier, so glaube ich, besonders nötig gewesen wären. Immer wieder bat ich sie, dies zu tun, doch nur stummes Schweigen war die Antwort. Ich wischte ihr den Schweiß von der Stirn, massierte ihren Rücken, animierte sie zum Sprechen. Es war alles ohne Erfolg. Die scheinbare Interesselosigkeit ihres Mannes musste, wie ich annahm, zu diesem Verhalten geführt haben.

Dann kam mir ein Gedanke, den ich sofort in die Tat umsetzte. Ich suchte Martin und fand ihn bei harten Mauerarbeiten im Bereich der Stallungen. Ich wollte ihn an das Kreißbett seiner Frau holen.

Normalerweise übte ich auf Ehemänner, die es vorzogen, bei der Geburt ihrer Kinder nicht dabei zu sein, keinerlei Druck aus. In dem intimen Bereich eines Geburtsvorgangs Zwang anzuwenden, war mir grundsätzlich zuwider. Der Ehemann sollte frei entscheiden können, ob er auf Grund seiner Einstellung oder seiner körperlichen und seelischen Verfassung den Geburtsvorgang miterleben oder ihm lieber fernbleiben wollte. Diese Frage vorher zu klären, in gegenseitiger Aussprache, war von besonderer Wichtigkeit. Doch manche Fälle rechtfertigen eine Ausnahme.

»Nein«, sagte Martin, als ich ihn aufgefordert hatte mitzukommen. »Nein, das möchte ich net. Ich glaub, das versteht die Moni, und außerdem, den Haufen Arbeit, den ich hab …«

Mit energischen Worten sagte ich ihm, was er am liebsten überhört hätte: »Du gehst jetzt mit mir, wäscht dir Gesicht und Hände und ziehst ein frisches Hemd und eine saubere Jacke an. Übrigens, dein Bart dient auch nicht gerade deiner Schönheit.«

»Heut is' noch net Samstag, da rasier ich mich dann, aber net eher«, war seine Antwort.

Nach einer Weile war es aber dann doch so weit: Martin kam in die Stube, frisch gewaschen, umgezogen und – rasiert. Monika legte ihre Hand in die seine, sie verschwand darin wie ein kleines, verschüchtertes Küken. Ich war erstaunt, wie viele gute Worte Martin für seine Frau fand, die sich in seiner Nähe sichtlich geborgen fühlte. Seine Gegenwart bedeutete ihr unbestreitbar sehr viel. Ich spürte, wie sie gelöster, lockerer wurde, eine gute Voraussetzung für die Endphase der Geburt. Martin an das Bett seiner Frau zu holen war eine gute Entscheidung gewesen, und auch wenn sie gegen meinen Grundsatz ging, war ich froh sie getroffen zu haben.

Draußen dunkelte es, die Nacht kam mit großen Schritten. Zwei glückliche Menschen betrachteten das kleine Wesen, das ihnen als Eltern in die Hände gegeben worden war. Der junge Vater war sichtlich beeindruckt, als er sein Kind in die Hände nahm, dieses zappelnde kleine Etwas, das jetzt zu ihm gehörte.

Ein junges Paar glaubte an seine Zukunft und an die Zukunft seines Sohnes als Hoferbe.

Jahre vergingen. Inzwischen hatte ich drei weiteren Kindern auf dem Adererhof zum Leben verholfen. Martin war immer noch mit der Renovierung seines Hofes beschäftigt. Sie schien kein Ende zu nehmen. Eine ewige Baustelle, ein ständiges Chaos, und das schon über Jahre hinweg, wie mir Monika, unglücklich über diesen Zustand, erzählte. »Es ist kein gutes Leben hier. Ich fühle mich müde und allein. Der Adererhof ist für mich keine Heimat.«

Ich konnte ihr das gut nachfühlen, angesichts der ständigen Unruhe, des überstrapazierten Bauern, müden Ehemannes und wortkargen Vaters.

Die alte Vevi, die beim Aderer mehr als fünfzig Jahre gedient hatte, fand, dass es nun Zeit sei den Hof zu verlassen, weil ihre Beine nichts mehr wert seien und sie selber auch nichts mehr tauge. In meinem Beisein sagte sie zum Abschied: »Bauer, ich war lang genug auf dem Hof, viel z' lang, und jetzt geht's halt nimmer. Ich sag: Vergelt's Gott für alles und ich wünsch dir Glück.«

Beide schwiegen. Der Abschied schmerzte.

Bevor die Vevi zur Tür ging, drehte sie sich noch einmal um und sagte zu Martin: »Vergiss dei' Bäuerin net ganz vor lauter Arbeit.«

Der Adererbauer nickte nur und kämpfte mit den Tränen. Die Vevi war kein Dienstbote. Sie war Vertrauensperson und Mutterersatz für Martin, der seine leibliche Mutter frühzeitig verloren hatte. Ein treuer Mensch hatte aufgehört seine schützende Hand über den Adererhof und seine Bewohner zu halten.

Noch einmal wurde ich auf diesen Hof geholt. Monika erlitt eine Fehlgeburt, die gesundheitliche Probleme mit sich brachte. Regina, eine Verwandte, kam, kümmerte sich tagsüber um die Kinder und erledigte die notwendigen Arbeiten. »Blass ist sie wordn, die Bäuerin«, stellte sie mir gegenüber fest. »Der Bauer kümmert sich net recht um sie, weil er vor lauter Arbeit keine Zeit hat und weil er alles allein machen möchte und da geht kein End her.«

Ich kam nun wieder jeden Tag auf den Adererhof um nach Monika zu sehen, die sich nur langsam erholte. Es ergab sich, dass ich dabei einmal mit Martin allein zu sprechen kam. Ich sagte ihm, wie falsch er sich verhalte, wenn er seine junge Frau, die er mit kaum neunzehn Jahren geheiratet habe, nun kaum beachte, weil seine Bauarbeiten Vorrang hätten, zumal kein Ende abzusehen sei, weil er des Geldes wegen auf fremde Hilfe verzichte. Ich prophezeite ihm ein böses Erwachen, wenn er kein Einsehen habe.

Das böse Erwachen kam und die Folgen waren erschreckend. Monika zog die Konsequenzen. Sie verließ den Adererhof und ließ die vier Kinder bei ihrem Ehemann zurück. Ich war erschüttert, als mir Martin dies mitteilte. Es war schwer zu begreifen, dass diese junge Frau, die sich in vielen Dingen so hilflos zeigte, einen so schwer wiegenden Schritt tun konnte.

Nach einigen Tagen bat mich Martin um meinen Besuch. Die dreijährige Elisabeth sei erkrankt, ich möchte nach ihr sehen. Ein erschütterter, hilfloser Mann stand mir gegenüber, ratlos, wie alles weitergehen solle. »Ich brauch die Moni, es geht net ohne sie, sie muss zu mir und den Kindern zurückkommen. Du musst mir helfen, zu dir hat sie das meiste Vertrauen.«

Eine schwere Aufgabe, vor die ich gestellt

wurde. Dem Adererbauer gelang es, seine Frau ausfindig zu machen. Doch diese Erfahrung zerschlug seine letzte Hoffnung. Monika war zu einem anderen Mann gegangen und in dessen Haus gezogen.

Herr König war ein wohlhabender Geschäftsmann, der einen zweifelhaften Ruf hatte. Es hieß, er wechsle die Frauen wie seine Hemden, sei skrupellos im privaten wie im geschäftlichen Bereich und neige zu Gewalttätigkeiten. Dieser Mann hatte die Adererbäuerin zu seiner Geliebten gemacht.

Unter solchen Umständen war jeder Versuch, Monika in ihre Familie zurückzuholen, sinnlos; denn Herr König gab nicht mehr frei, was er in seinen Händen hielt. Der Adererbauer musste diese Tatsache hinnehmen, auch, dass die Kinder immer öfter nach der Mutter fragten und die kleine Elisabeth nachts nach der Mama rief.

Das erfuhr ich von Regina, die jetzt als Haushälterin für Dauer auf den Adererhof gekommen war. Martin war ein gebrochener Mann, ohne Schaffenskraft, ohne Freude, und sein Hof kam aus dem Chaos des Umbaus nicht heraus. Der Besitzer hatte seinen Elan verloren.

Jahre vergingen. Monikas Kinder wuchsen heran. Die Zeit verdrängte die Erinnerung an ihre Mutter und sie fragten immer seltener nach ihr. Regina war ihre Bezugsperson geworden, die schützend und sorgend die Mutterstelle einnahm.

Der Zufall wollte es, dass ich auf dem Weg zu einer Dienstfahrt Monika begegnet bin.

Ich hatte schon einmal versucht sie im Hause des Herrn König zu erreichen. Sie sei nicht da, hatte es geheißen, obwohl ich Monika deutlich hinter den vorgezogenen Vorhängen erkennen konnte. Zwei riesige Hunde gaben mir zähnefletschend zu erkennen, dass sie mich als unerwünschten Gast in ihrem Bereich nicht duldeten. Es gab keine andere Wahl als umzukehren.

Doch nun stand sie vor mir, deren Gespräch ich gewünscht und gesucht hatte. Monika begann als Erste zu sprechen.

»Wie geht es meinen Kindern?«, war ihre Frage. »Ich weiß, dass du Kontakt zu ihnen hast.«

Statt einer Antwort sagte ich: »Komm wieder zurück, Monika, zu deinen Kindern, zu Martin, deinem Mann, er vermisst dich, er braucht dich, du gehörst zu ihnen und zum Adererhof. Hast du das vergessen? Was bedeutet dir dieser Mann, für den du so viel aufgegeben hast?«

Monika antwortete: »Ich brauche einen Menschen, der zu mir gehört, einen Partner, der mir ein bisschen Zuneigung gibt, der mir zuhört, ein wenig Zeit für mich hat und dem ich etwas bedeute.« Nach einer kleinen Pause fuhr sie fort: »Ich konnte auf dem Adererhof nicht mehr atmen, ich war wie blockiert, daran haben auch meine Kinder nichts geändert. Nein, ich gehe auf den Adererhof nicht mehr zurück.«

Mit diesen Worten ging sie in die Richtung, aus der sie gekommen war. Fassungslos sah ich ihr nach, wie sie um die Wegbiegung verschwand, und ich wusste, die einstige Adererbäuerin hatte ihre endgültige Entscheidung getroffen.

Im Laufe der Zeit hat sich vieles verändert. Die Kinder des Adererhofes waren fast schon erwachsen, als ihr Vater eines schnellen Todes starb. Regina gab mir nähere Auskunft über sein plötzliches Ableben.

»Mei«, sagte sie, »er ist ganz trübsinnig wordn, der Martin, seit seine Bäuerin auf und davon ist. Des hat er net derkraftn können. Am gebrochenen Herzen ist er gstorbn, hat der Doktor gsagt.«

Mir ging dieser Satz noch lange im Kopf herum: »Am gebrochenen Herzen ist er gestorben«, der Adererbauer.

Seine Kinder haben den Hof weitergeführt. Auf der »ewigen« Baustelle stehen heute, wie ich mich überzeugen konnte, neu errichtete Gebäude. Der Adererhof, der heute Martins ältestem Sohn gehört, ist in gute und tüchtige Hände übergegangen.

Monika sah ich nicht mehr. Sie ist, so erzählen die Leute, in eine andere Gegend gezogen. Herr König hatte das Bedürfnis nach einer neuen Freundin. Eine Reisetasche vor der Haustüre zeigte an, dass Monika ausgedient hatte. Eine andere hat ihren Platz eingenommen.

Ein verirrtes Herz! Wer möchte hier urteilen?

Glauben Sie an eine Fügung Gottes?

Gelegentlich begegnete man Bekannten, bei denen man gern ein Weilchen stehen blieb, sich nach dem Befinden erkundigte, über die großen und kleinen Neuigkeiten des Ortes sprach, sofern das Wetter keinen Anlass zur Diskussion gab. Mir wurden natürlich häufig Fragen gestellt, die die Kinder betrafen, wenn sie quengelig und unruhig waren und mit Schreien ihre Eltern nervten. Man erwartete von mir brauchbare Antworten und gegebenenfalls wurde ich zu einem Besuch gebeten.

Die beiden Frauen, die nun die Straßenseite wechselten und auf mich zukamen, waren Mutter und Tochter, die mit mir, wie es schien, ins Gespräch kommen wollten. Beim Näherkommen erkannte ich Frau Obermüller, die, klein und ein wenig pummelig, mit trippelnden Schritten neben ihrer Tochter Ulrike einherging, während diese ihre Füße leicht und federnd bewegte. Ulrike, hoch gewachsen, mit guter Figur und wohlgeformten langen Beinen, einem hübschen, lebensfrohen Gesicht, das nur der Jugend eigen ist, bot einen erfreulichen Anblick. Wie lange mochte es zurückliegen, dass ich diesem ansprechenden Geschöpf zum Leben verholfen hatte? Waren es sechzehn oder siebzehn Jahre?

Bald erfuhr ich, dass sie vor achzehn Jahren zur Welt gekommen war. Ihr Vater war ein kleiner, rechtschaffener Beamter. Die Mutter, aus bäuerlichen Kreisen kommend, bemühte sich krampfhaft um »vornehmere« Umgangsformen, sie wollte sich dem »Beamtentum«, wie sie es nannte, anpassen um anerkannt zu werden. Es war schade, dass sie sich nicht gab, wie sie war, denn diese liebenswerte Frau und überaus besorgte Mutter wirkte nun verkrampft und unnatürlich, sie war nicht mehr sie selbst. Andererseits wirkte Frau Obermüller in manchen Dingen auf eine irgendwie sympathische Art rührend hilflos. Sie war verzweifelt, wenn sich zum Beispiel die kleine Ulrike unpässlich zeigte, besonders dann, wenn ein Zahn, der kommen wollte, Beschwerden machte, oder ein Schnupfen sie plagte. Ich war oft in das Haus der Familie Obermüller gekommen um zu beschwichtigen und zu trösten und festzustellen, dass alle Sorgen unbegründet waren, weil, abgesehen von kleinen Beschwerden, das Kind gesund war. Meine Hoffnung, dass sich beim zweiten Kind, wie es erfahrungsgemäß sonst der Fall war, diese Angst verlieren würde, war gegenstandslos; denn Ulrike blieb die Einzige.

Ich erinnerte mich an die Zeit damals, an diese übergroße Freude, die die Geburt dieses Kindes bei den Eltern ausgelöst hatte. Das Bild des hübschen Babys war in allen Fotoläden zu sehen; in der Badewanne, im Bettchen, nackt, angezogen. Genauso sah man sie später als Kind, lachend, schmollend, mit Schleifen im Haar. Als Schulanfängerin konnte man Ulrike mit der großen Schultüte bestaunen und später als Heranwachsende in allen Variationen, strahlend, mit besinnlichem Blick, mit unnachahmlichen Augenaufschlag. Eine Filmkarriere schien vorprogrammiert.

Nach herzlichem Gruß begann Frau Obermüller ein Gespräch mit mir, dem Ulrike gelangweilt zuhörte, dabei ihre Fingernägel betrachtete und an den Haaren zu zupfen begann. Schließlich erklärte sie, sie habe noch etwas sehr Wichtiges vor, das sie unbedingt erledigen müsse. Mit tänzelnden Schritten und wiegenden Hüften empfahl sich Ulrike.

»Ist sie nicht eine ausgesprochene Schönheit, mein Kind?«, fragte mich Frau Obermüller.

Ich konnte ihre Aussage nur bestätigen. Ulrike war ein wirklich wunderbares Geschöpf mit einem makellosen Körper und einem ansprechenden Gesicht mit großen dunklen Augen und zwei Reihen gesunder weißer Zähne. Sie hatte alle äußeren Vorzüge, über die sich eine Mutter freuen konnte. Ein wenig selbstbezogen, war sich Ulrike ihrer Schönheit durchaus bewusst und stellte sie bei jeder passenden Gelegenheit zur Schau. Manche Leute konnten sich bissige Bemerkungen nicht verkneifen und so hörte man des Öfteren: »Die spinnt!«

»Eine große Karriere hat meine Tochter vor sich«, setzte Frau Obermüller das Gespräch fort. »Sie kommt zum Film und nächste Woche fährt sie zu Probeaufnahmen nach Geiselgasteig. Sie kommt ganz groß heraus, hat man ihr gesagt. Wenn des koa Freid net is'«, verfiel sie nun in ihren angestammten bayerischen Dialekt und war wieder die liebenswerte, natürliche Frau Obermüller.

Ich pflichtete ihr bei und meinte, dass von diesem Glanz auch auf die Eltern etwas abfallen könne, ohne die es dieses kostbare Geschöpf nicht gäbe.

Beflügelt von dieser Erkenntnis und mit Stolz in ihrem Herzen, dass sie Mutter eines zukünftigen Filmstars sei, verabschiedete sich Frau Obermüller von mir.

Die Probeaufnahmen hatten stattgefunden. »Sie waren ein ganz großer Erfolg«, erzählte mir Frau Obermüller später mit sichtlichem Stolz und nun wartete man auf den Bericht, der aufgrund der Auswertung dieser Aufnahmen verfasst würde. »Aber das ist nur eine Formalität, Ulrike ist so gut wie angenommen«, erklärte mir Frau Obermüller mit glücklichem Lächeln. Nun stünden ihrem Kind alle Türen offen.

Erstaunlich, überlegte ich, wie man mit gutem Aussehen, ohne besondere geistige Fähigkeiten, in die oberen gesellschaftlichen Kreise aufsteigen kann.

Frau Obermüller ging in diesen Tagen wie auf Wolken, in Anbetracht der glänzenden Zukunft ihrer Tochter.

Dann kam die schriftliche Nachricht der Filmgesellschaft, die Ulrikes zukünftige Karriere als Filmstar bestätigen würde. Doch statt der vermeintlichen Zusage kam, in sehr vornehme Worte gekleidet, die niederschmetternde Antwort: »Die Aufnahmen haben nicht das erbracht, was wir erhofft hatten.« Ulrikes Nase habe nicht die rechte Form und somit sei sie zu wenig fotogen. Um weitere Probeaufnahmen machen zu können, müsse dieser Teil des Gesichtes operativ korrigiert werden.

Das war ein schwerer Schlag für Ulrike und ihre Mutter. Alle so schönen Hoffnungen hatten sich mit diesem Schreiben in Nichts aufgelöst und Tränen flossen bei beiden Frauen. Es war nicht nur die Absage, der zerronnene Traum, der schmerzte, vielmehr die Tatsache, dass es eine Unvollkommenheit in diesem schönen Gesicht gab, die diese Filmleute zu erkennen glaubten. Die Meinungen über die Schönheit von Ulrikes Nase freilich gingen ohnehin auseinander.

Nur Vater Obermüller sah die Dinge mit anderen Augen, weil ihm die Filmkarriere seiner Tochter schon längst schwer im Magen gelegen hatte: »Sonst nix mehr, d' Nasn operieren lassen«, räsonierte er, »deine Nasn ist schön gnug, auch wenns' den Filmfritzen net gefällt. Was die sich einbilden. Meine Tochter braucht solche Leut net, denen ihre Nasn net gfällt. Du sollst lieber heiraten, des ist was Beständiges, und Enkelkinder möchten wir auch amal kriegn.«

In diesem letzten Punkt war Mutter Obermüller anderer Meinung, weil Schwangerschaften den Körper ruinierten und das wäre im Fall Ulrike wohl nicht das Richtige; weil man nie wisse, wie sich die Dinge weiterhin entwickeln würden und weil man die Hoffnung nie aufgeben solle.

So kam es, dass sich ein sehr wohlhabender Geschäftsmann um Ulrike bemühte, mit Erfolg: Es wurde eine Hochzeit im großen Rahmen, von der Frau Obermüller feststellte: »So schön wie im Film.«

Als Frau Meier kam Ulrike eines Tages zu mir, weil die erste Schwangerschaft Beschwerden machte. Die Freude über das zu erwartende Kind ließ Ulrikes Filmkarriere in den Hintergrund treten. Allerdings lebte sie ein wenig in der Hoffnung, dass ihre Tochter, falls es ein Mädchen würde, die nicht in Erfüllung gegangenen Wünsche der Mutter als Filmgröße verwirklichen könne. Falls dies nicht an der von der Natur mitgegebenen Nase scheitere.

Die Beschwerden dieser Schwangerschaft vermehrten sich, sie mussten im Krankenhaus stationär behandelt werden. Dazu würde ein längerer Aufenthalt notwendig sein. Mit sehnsüchtigen Augen betrachtete Ulrike die Kinder, die ich den Müttern zum Stillen brachte, und manches Mal bat sie mich ihr eines dieser Kinder zu bringen, damit sie es für kurze Zeit im Arm halten könne.

Aber nach einigen Tagen gab es für Ulrike keine Hoffnung mehr auf ein eigenes Kind. Trotz ärztlicher Bemühungen kam es zur Fehlgeburt und Ulrike weinte tagelang.

Noch mehrmals erlitt sie im Frühstadium der Schwangerschaft, trotz ärztlicher Vorsorge und Bemühungen, Fehlgeburten.

Wieder war Ulrike schwanger im sechsten Monat und alle hofften wir, dass sie dieses Mal ihr Kind würde austragen können, weil es keine Auffälligkeiten gab und es der werdenden Mutter relativ gut ging. Doch mit einem plötzlichen Blasensprung und einsetzenden Wehen war auch dieses Mal die Hoffnung dahin, ein dünner, krächzender Schrei – und dieses beginnende Leben, in das so viel Hoffnung gesetzt worden war, war erloschen.

Tags darauf hatte ich ein langes Gespräch mit Ulrike.

»Ich möchte Sie fragen«, begann sie, »glauben Sie an eine Fügung Gottes?«

»Oh ja«, antwortete ich, »die gibt es sicher. Aber warum fragen Sie?«

»Ich muss über so vieles nachdenken«, sprach sie weiter. »Warum verliere ich immer wieder meine Kinder, die ich mir so sehr wünsche? Habe ich etwas getan, für das ich bestraft werde?«

»Daran glaube ich nicht. Warum sollte Gott Sie bestrafen? Würde man die Gründe dieser Tragik kennen, wäre es für Sie leichter, diese Schicksalsschläge anzunehmen, die gewiss nicht leicht zu ertragen sind«, antwortete ich.

»Ich meine immer, Gott hat mich für mein

Verhalten bestraft, weil ich aus Trotz über die gescheiterte Filmkarriere einen Mann geheiratet habe, der sehr vermögend und erfolgreich ist, dem ich Liebe vorgeheuchelt habe, obwohl er mir nichts bedeutet hat, weil er keine besonderen äußeren Vorzüge hatte. Er ist zehn Jahre älter als ich, schon etwas korpulent und seine schütteren Haare machen ihn auch nicht gerade attraktiver. Selbst der Allerweltsname Meier störte mich. Aber nun, nach diesen traurigen Ereignissen, erkenne ich seine Werte. Er versucht mir beizustehen, mich zu trösten, obwohl er mehr unter diesen unglücklichen Ereignissen leidet, als er zu erkennen gibt. Ich habe ihm Unrecht getan.«

Es war eine lange Beichte, die mich sehr beschäftigte und nachdenklich werden ließ.

Es war ein Ostersonntag, an dem es für Ulrike eine glückliche Wende in ihrem Leben gab. Ein gesundes Zwillingspärchen kam um die Mittagsstunde zur übergroßen Freude ihrer Eltern zum Leben. Diese betrachteten im gegenseitigen Verstehen glücklich und gerührt ihre zwei gesunden Kinder, die ihre Eltern aus der Ehekrise geholt hatten.

Von der missglückten Filmkarriere wurde nur einmal gesprochen, als Großmutter Obermüller prophezeite: »Die kleine Irmi wird einmal die Filmkarriere machen, die ihrer Mutter versagt geblieben ist.«

Nachdenklich antwortete Ulrike: »Hoffentlich hat sie die gleiche Nase wie ihre Mutter.«

Eine Bäuerin ist eine teure Sache

Einen schönen Vierseithof hatte der Kronberger und ein wohlhabender Bauer war er auch. Er verstand es, mit extremer Sparsamkeit seinen Besitz zusammenzuhalten, ihn zu vergrößern, indem er immer wieder ein Stück Acker, Wiese oder Wald dazukaufte. Er sei so geizig, erzählen sich die Leute, dass ihm sogar das Futter für einen Hund »derbarmt« und dass er deswegen auf ein solches Tier verzichtet, von dessen Existenz er keinen Nutzen habe. Sogar die alten Hosenknöpfe hätten ihm Leid getan, die er gelegentlich als »Messopfer« in den Klingelbeutel warf, wusste die Kramerin zu berichten. »Ein Geizhals, wie sein Vater einer war, Gott hab ihn selig«, meinte sie abschließend.

Nach dem Tod seiner Eltern blieb der junge Kronberger allein, weil, so erzählte wiederum die Kramerin, »eine Bäuerin heutzutage eine teure Sach is'«, wenn sie Wünsche beim »Gwand« oder beim Essen habe und auch sonst keine rechte Hauserin sei. Den Taglöhnern brauche man nur Kraut und Knödel geben, könne ihnen aber dafür einen Haufen Arbeit abverlangen und so gesehen könne eine Menge eingespart werden, zumal die Kuni auch noch da sei.

Die Kunigunde, die mit ihm auf dem Hof

werkte und seinen Geiz zwangsläufig dulden musste, war gleich nach dem Schulabgang bei dem alten Kronberger als Magd eingestanden und auf dem Hof geblieben.

Kuni, dieses arme Geschöpf, ist die Hauptfigur in dieser Geschichte. Der Kronberger hat sie nicht nur bis zum Letzten ausgenutzt, sie war für ihn Magd und auch Bäuerin, dies aber nur bis zu einer gewissen Grenze und soweit es mit seinem Geiz vereinbar war.

Weil Kuni ein recht hübsches Mädchen war, begehrte der Kronberger sie auch als Frau. Das hielt er für selbstverständlich, aber auch der Kuni fiel nicht ein sich dagegen zu wehren; denn er war der Bauer, sie die Magd, die zu tun hatte, was er befahl. So hatte sie es von Anfang an gelernt.

Dass es gelegentlich zu Schwangerschaften kam, störte den Kronberger weniger, dafür gab es Mittel und Wege sie aus der Welt zu schaffen. Traten dabei gelegentlich Probleme auf, so musste notgedrungen das Krankenhaus aufgesucht werden, was natürlich der Kronberger, so gut es ging, zu verhindern suchte.

Wieder einmal war die Kuni in meinen Händen. Starke Blutungen als Folge eines manipulierten Abgangs machten ärztliche Hilfe notwendig. Immer häufiger wurden Krankenhausaufenthalte für Kuni notwendig, der Körper schien den Beanspruchungen nicht mehr gewachsen zu sein, er brauchte fachliche Hilfe um nicht zugrunde zu gehen.

Natürlich wussten die Leute, was auf dem Kronbergerhof vorging und wer diese Manipulationen vornahm. Alle wussten es – nur ich wusste es nicht; denn bei bestimmten Leuten, die gefährlich werden konnten, schwieg man. Kam man mit so jemanden zusammen, hatte man plötzlich von nichts etwas gesehen oder gehört. So konnte die bestimmte Person in aller Ruhe ihrer Tätigkeit nachgehen in der Gewissheit, eine schweigende Bevölkerung hinter sich zu haben. Wir sahen im Krankenhaus die Verletzungen, die diesen jungen Frauen aus Stümperhaftigkeit zugefügt wurden, und konnten nichts darüber sagen; wir waren zum Helfen da, nicht um polizeilich aktiv zu werden, und Beweise gab es sowieso keine. Wir hatten einen deprimierenden Stand. Wir konnten nur Hilfe leisten und schweigen.

Mehrere Jahre hörte ich nichts mehr von Kuni. Arzt- und Krankenhausbesuche beschränkte man ja auf das dringend Notwendige, sie fanden nur statt, wenn es keinen anderen Ausweg mehr gab. Aber dann kam sie eines Tages doch wieder in die Klinik und damit auch zu mir.

»Jetzt bin ich halt schon wieder da, weil ich net weiß, wie des weitergehen soll«, sagte sie in ängstlichem Ton.

»Warum lässt du dir so viel gefallen und wehrst dich nicht?«, entgegnete ich. »Dieser Mann ist es nicht wert, dass du dich zugrunde richtest.«

Dieses Mal lagen die Dinge ein wenig anders, obwohl ebenso tragisch wie in den vorhergegangenen Fällen.

Was ich in den nächsten Minuten zu sehen bekam, entsetzte mich. Eine dünne, durchtrennte Nabelschnur kam zum Vorschein, mit deren Durchschneidung das Kind in voller Absicht getötet worden war. Es waren keine frischen Verletzungen zu erkennen, eine gekonnte Arbeit war hier geleistet worden. So hatte Kuni mehrere Tage verbracht, ohne dass es zur Abstoßung oder Fehlgeburt gekommen wäre.

Nach mehreren Stunden lag ein totes Kind vor mir, das im fünften Schwangerschaftsmonat eines gewaltsamen Todes gestorben war. Auf meine Frage an Kuni: »Sagst du mir, wer da an dir gearbeitet hat?« antwortete sie: »Nein, das sag ich net. Gar nie net.«

Da wusste ich, dass jede weitere Frage sinnlos gewesen wäre; denn hier stand man vor einer Mauer des Schweigens.

Viele Jahre lang hörte man nichts Neues mehr vom Kronbergerhof. Dann hieß es, der Bauer fange zu kränkeln an. Es wurde viel diskutiert um diesen Hof und seinen Besitzer, den Kronberger; denn im Falle seines Ablebens werde es allerhand Streit geben um dieses große Erbe, nachdem er keine Kinder und damit keine rechtmäßigen Erben habe, glaubten die einen. Andere waren der Meinung, dass der Kronberger mit Gewissheit der Kuni den Hof »vermacht« habe, nachdem sie ihr Leben lang für den Kronbergerhof geschuftet habe und »das andere«, na ja, man wusste Bescheid, aber aussprechen wollte oder durfte man das »andere« nicht.

Nur die Kramerin trug ihr Herz auf der Zunge, als sie sagte: »Jetzt wär er froh, der Kronberger, wenn er Kinder hätt. Jetzt kann er zuschauen, wie sein Sach in fremde Händ' kommt. Recht gschiet's ihm, dem Hallodri, ich möcht net in seiner Haut stecken.«

»Hast es schon ghört«, erzählte mir wenig später die Haberbäuerin, »jetzt ist er gestorben, der Kronberger, ich komm grad von seiner Leich, schnell soll er hinüber'gangen sein, die Kuni hat grad noch den Herrn Pfarrer holen können, habens' erzählt. Mei, der schöne Hof! Net amal sein Testament hat er noch machen können, der Kronberger, bei so viel Sach.«

Sehr viel später erfuhr ich von Kuni, dass der Kronbergerhof, nachdem es keine Kinder oder nächste Verwandte gab, an eine weit entfernte, angeheiratete Verwandtschaft übergegangen ist. Kuni wurde auf dem Hof überflüssig, es gab genug eigene Leute. Ihr Lohn, den ihr der Kronberger seit einem halben Jahr schuldete, wurde ihr auch von den Erben nicht ausbezahlt, weil es für Kunis Ansprüche keine Beweise gab. Mit ihren wenigen Habseligkeiten verließ sie den Hof, der ihr mehr als zwanzig Jahre eine zweifelhafte Heimat gewesen war. Ihr blieb nichts als ein zerschundener Körper.

Die Arbeit als Landhebamme war nicht immer einfach

Wenn ich zurückblicke auf die vielen kilometerlangen Wege, die ich im Auto oder mit dem Fahrrad zurückgelegt habe, dann wäre ich auf diese Art nicht nur einmal um den Erdball gekommen. In meiner ersten Zeit gab es nur Landstraßen, zum Teil holprig und uneben, Feldwege zu den Gehöften, die mit ihren tiefen Traktorspuren die Fahrt häufig zu einem Balanceakt machten. Im Winter kämpfte ich mit vereisten oder verschneiten Straßen. Im Frühjahr oder Sommer, nach längeren Regenperioden, waren es Schlamm und Geröll, die mir das Leben schwer machten.

Einmal blieb ich in einer Schneewehe hängen. Schnaufend versuchte ich mit der Schaufel, die ich im Kofferraum immer dabei hatte, den Weg freizumachen.

Der Greinerbauer, der von weitem mein Missgeschick gesehen hatte, kam herbei und fragte: »Bist vielleicht stecken 'bliebn?«

Diese Frage ärgerte mich, wo er doch sowieso mein Elend sah. »Du hast es erraten«, antwortete ich nicht gerade freundlich.

»Gib dei' Schaufel her«, sagte er gutmütig, »des haben wir gleich.«

Mit kräftigem Schwung warf er die Schneemassen zur Seite. Für den Greinerbauern war das, wie es schien, ein Kinderspiel, während ich für diese Arbeit meine ganzen Kräfte einsetzen musste.

Dann erklärte er mir die Fahrweise, die ich bei Schneeverwehungen anwenden müsse. »Weißt«, sagte er, »im Krieg, da hab ich unsern Kommandeur gfahrn und in Russland, da waren die Straßen gwiss net gut. Da lernt man 's Fahren, wenn man's noch net kann, darfst mir's glauben.«

»Dank dir, Greinerbauer, für deine Hilf«, sagte ich zum Abschied.

»Ist schon recht«, war seine Antwort.

Auf dem Land ist Hilfe für den anderen in der Not selbstverständlich. Es gab wenige Ausnahmen, dass jemand zur Seite schaute, wenn man in Bedrängnis war.

Nie werde ich die Nacht vergessen, in der mir ein Autofahrer mit aufgeblendeten Lichtern entgegenkam, mich seitlich in die aufgehäuften Schneemassen drängte, die mich hoffnungslos zudeckten. Dieser Kavalier fand es nicht nötig, mir aus dieser üblen Lage, in die er mich hineinmanövriert hatte, wieder herauszuhelfen. Er verschwand in der Nacht.

Ich gebe zu, dass auf Grund geringer technischer Begabung meine Fahrkünste nicht über dem Durchschnitt lagen. Mein Mann übte an ihnen des Öfteren Kritik, wenn ich am Steuer und er daneben saß. Sein Nörgeln war schwer zu ertragen, es nervte mich.

An einem Sonntag ist es passiert, dass mir ein aus einem Seitenweg kommender VW in die Seite meines Kleinwagens fuhr. Es krachte fürchterlich und mein Lloyd, auf den ich so stolz war, obwohl er mich des Öfteren zur Verzweiflung brachte, war nicht mehr zu erkennen. Seine von früher stammenden Blessuren fielen jetzt nicht mehr ins Gewicht.

»Heimfahren kannst noch damit, wennst langsam bist«, erklärte mir der Schmid-Sepp, nachdem er das Fahrzeug notdürftig fahrbereit gemacht hatte. »Aber viel wert ist er nimmer.«

Mit dem scheppernden und lärmenden Fahrzeug kam ich glücklicherweise noch zu Hause an und vor der Garagentür gab mein Lloyd, der treue Begleiter mehrerer Jahre, endgültig seinen Geist auf. Die Halterung des Motors war abgebrochen, das Triebwerk fiel zu Boden und ich kippte gleichzeitig nach vorne. Mein Mann beobachtete vom Fenster aus die Szene, kopfschüttelnd. Seine Gedanken waren nicht schwer zu erraten.

Armer Lloyd! Nun war für ihn das endgültige Aus gekommen und mir war, als hätte ich einen Freund verloren.

Die Rückfahrt von dieser Wochenpflege hatte übrigens viereinhalb Stunden gedauert. Eine lange Zeit für zwölf Kilometer Wegstrecke.

Es ist mir ein Bedürfnis, hier noch einige Zeilen über uneheliche Mütter und ihre Kinder zu schreiben. Diese jungen Frauen hatten in den meisten Fällen ein schweres Los zu tragen, von der Gesellschaft diskriminiert, von der Familie häufig nicht aufgenommen, vom Partner des Öfteren verlassen, von Seiten der Kirche gedemütigt. Die Kinder dieser Mütter wurden als »ledigen Bankerten« bezeichnet, wurden von einer Pflegestelle zur anderen weitergereicht, gelegentlich auch in Heime abgeschoben. Im noch günstigsten Fall wurden sie zur Adoption freigegeben. Es war ein erbärmliches Leben, unehelich geboren worden zu sein.

Ich erinnere mich an die kleine 5-jährige Anneliese. Ihre Mutter hatte sie einer Pflegemutter gegeben. Aber das Mädchen konnte dort nicht bleiben, ihre Pflegeplätze wechselten schnell, sie wurde von einem zum anderen abgeschoben, weil der Pflegesatz zu gering bemessen war und »überbleiben soll auch was«, wie die letzte Pflegemutter mir gegenüber meinte.

Ich kam gerade dazu, wie sich der »Platzwechsel« vollzog. Energisch wurde die Kleine am Arm gepackt und durch eine Haustür in einen dunklen Gang geschoben mit den Worten: »Da wartest jetzt, bis die Meierseppin kommt.«

Die künftige Pflegemutter war nicht zu Hause, als ihr das Kind gebracht wurde, so wurde es der Einfachheit halber in dem unfreundlichen Hausgang »zwischengelagert«, damit man es los war.

Ich beobachtete aus einiger Entfernung die Szene, die sich mit Unbarmherzigkeit vollzogen hatte, und ich hörte die Schreie des Kindes. Ich konnte die Todesangst des kleinen Mädchens nachvollziehen, die es, nun allein gelassen, in der absoluten Dunkelheit verspürte.

Nach wenigen Schritten stand ich vor dieser Pflegemutter und stellte sie zur Rede: »Das ist ungeheuerlich, was Sie diesem Kind antun. Ihnen ist jedes Gefühl verloren gegangen«, schimpfte ich.

»Ich kann des Dirndl nimmer brauchen und dich geht des nix an.« Mit diesen Worten verschwand sie eiligst.

Allerdings irrte sich diese sogenannte Pflegemutter, mich ging das sehr wohl etwas an und ich konnte ihr mit meiner Aussage einige Unannehmlichkeiten bereiten. Pflegekinder bekam diese Frau keine mehr. Dafür habe ich gesorgt.

Ich holte die kleine Anneliese zu mir um sie dann an einem wirklich guten Pflegeplatz unterzubringen, von wo aus sie dann später adoptiert wurde.

Ich behielt Anneliese lange im Auge. Aus dem einst verschüchterten Kind wurde ein fröhliches junges Mädchen.

Auch der Fall von Karin ist ein typisches Beispiel dafür, in welche Bedingungen uneheliche Kinder oft hineingeboren wurden.

»Muss ich den Vater des Kindes nennen?«, fragte sie mich nach der Geburt.

»Nein, das musst du nicht, wenn du es nicht möchtest«, antwortete ich. »Kein Mensch kann dich dazu zwingen.«

»Nein, ich möchte seinen Namen nicht nennen«, sagte sie mit Bestimmtheit.

»Du wirst deine Gründe dafür haben. Ob es gute Gründe sind, das ist eine andere Frage«, gab ich ihr zu verstehen. »Du hast eine Woche Zeit dir alles genau zu überlegen, ob es dieser Mann wert ist, dass dein Kind laut amtlicher Eintragung keinen Vater hat. Kannst du zu dieser Entscheidung stehen?«

Die Woche verging, die Anmeldung des Kindes musste vorgenommen werden. Bei der Frage nach dem Kindsvater schwieg Karin. »Vater nicht bekannt«, heißt es in solchen Fällen in der standesamtlichen Eintragung. Dieses Kind wird mit der Tatsache, »keinen Vater zu haben«, fertig werden müssen. Es ist kein guter Ausgangspunkt für sein späteres Leben.

Ich freute mich immer, wenn es einer unehelichen Mutter gelang, ihrem Kind eine wirkliche Heimat zu geben, in der es in Geborgenheit und mit Zuwendung groß werden durfte. Ich freute mich auch, wenn eine junge Mutter trotz der Ablehnung von zu Hause und der Diskriminierung in der Öffentlichkeit sich zu ihrem Kind bekannte und zwar gerade, aufrecht, nicht in demütiger Haltung und mit Schuldgefühlen. Es hing in allererster Linie vom Charakter, von der Persönlichkeit der Mutter ab, wie sie mit den veränderten Lebensbedingungen, die ein uneheliches Kind mit sich brachte, umging. Geistig bewegliche Frauen stellten sich häufig der Aufgabe mit hohem persönlichen Einsatz und oft auch unter schweren finanziellen Bedingungen. Es gelang ihnen in den meisten Fällen, eine gute Lösung zu finden.

Andere wieder, die der neuen Lebensaufgabe in Angst gegenüberstanden, die geringe Lebenserfahrung hatten oder auf Grund ständiger Gängelung und unselbstständiger Stellung in Familie oder Beruf kein Selbstwertgefühl entwickelt hatten, waren durch die schwierigen Umstände, die auf sie zukamen, überfordert. Sie überließen anderen Menschen, wie der Gesundheitsbehörde, die Entscheidung über ihr Kind. Kamen zu diesen Sorgen noch der Verlust des Partners und eventuell gerichtliche Auseinandersetzungen um die Vaterschaft hinzu, so war das für diese Mütter ein seelisches Trauma, das sie schwer oder nicht verkraften konnten. Ich habe einige Fälle erlebt, wo sie durch Freitod aus dem Leben schieden.

Die heutige Zeit brachte auch auf diesem Gebiet neue Tendenzen. Unehelich geborene Kinder, diese Tatsache ist heute kein Thema mehr. Sie sind den legitimen Kindern gleichgestellt, im privaten wie im öffentlichen Leben. Eine gute Entwicklung, über die ich mich besonders freue, weil ich viele Dramen um uneheliche Kinder hautnah erlebt habe. Es war für mich immer ein besonders glückliches Erlebnis, wenn ich zwischen jungen Müttern und deren Eltern vermitteln konnte und auf Grund dessen eine gute Lösung gefunden wurde.

Ich denke dabei an die junge Carola, die ihr Kind zur Adoption freigeben sollte. Ihre Eltern hatten so entschieden, weil sie den Kindsvater aus verschiedenen Gründen ablehnten. Sie standen Carola in den Monaten ihrer Schwangerschaft zur Seite, machten ihr keine Szenen und unterstützten sie, doch mit dem Produkt dieses Mannes, den sie nicht leiden konnten, wollten sie nichts zu tun haben. Dieses Kind kommt uns nicht ins Haus, hieß es. Auch Carola war mit der Adoption ihres Kindes einverstanden und so wurde alles Notwendige dazu in die Wege geleitet.

Zur Adoption kam es aber nicht. Als Carola nach der Geburt ihr Kind in den Armen hielt, es eingehend betrachtet hatte, verweigerte sie ihre Unterschrift unter die notwendige Erklärung. Ihre entschiedene, fast starre Haltung, ihren Wunsch, das Kind unbedingt behalten zu wollen, mussten auch ihre Eltern notgedrungen hinnehmen. Ich bin ganz sicher, dass sie das Kind um seiner selbst willen aufgenommen haben und dass es schließlich keine Rolle mehr spielte, wer der Vater war.

Meine aktive Zeit als Hebamme ist beendet. Ich habe mehrere Entwicklungsstufen meines Berufes erlebt. Auch Hausgeburten ohne jede Bequemlichkeit, ohne das Nötigste, unter ärmlichsten Bedingungen, besonders in der Zeit nach dem Zweiten Weltkrieg. Die Ära der Hausgeburten war nicht immer einfach und doch empfand ich sie als eine sehr schöne Zeit, die Jahre meiner Arbeit als Landhebamme. Die herzlichen Kontakte zu einer Reihe von Familien habe ich in meinen Ruhestand mitgenommen. Sie bestehen zum Teil heute noch und das gehört zu den ganz großen Freuden, die ich meinem oft anstrengenden, aber unbestreitbar schönen Beruf verdanke.

Was auf dem Land rund um die Geburt von Kindern so alles geschieht, wie sich eine beherzte Hebamme manchmal zum Wohle von Mutter und Kind in das Eheleben einmischen muss, welche Familie an weiteren Kindern besonders schwer trägt und wo trotz aller Mühsal doch Frieden und Harmonie herrschen, dies erzählt Rosalie Linner in einem neuen Band ihrer überaus beliebten Landhebammen-Geschichten.

Alle Schilderungen beruhen auf den wahren Erlebnissen der Autorin, die im Laufe ihres langen Berufslebens über 4000 Kindern auf die Welt geholfen hat.

„*Als Landhebamme unterwegs* wird mir bei Außendreharbeiten immer aus den Händen gerissen.“
Carolin Reiber

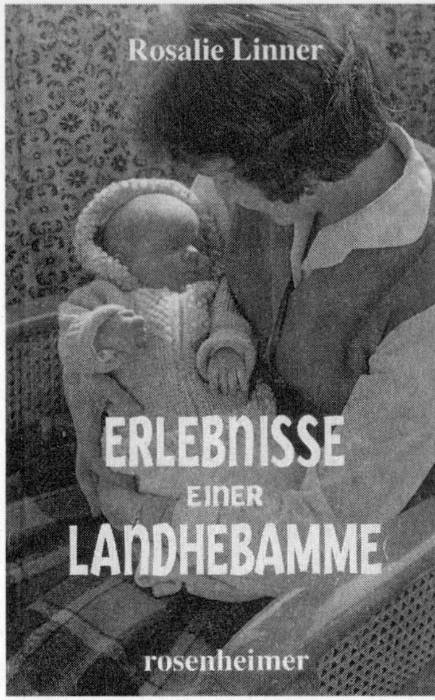

Rosalie Linner
Erlebnisse einer Landhebamme

ISBN 3-475-53294-8

rosenheimer